Kinder fordern uns heraus

Ratgeber für die Familie bei Klett-Cotta

Helge-Ulrike Hyams

Kinder wollen keine Scheidung

Klett-Cotta

Klett-Cotta

© J. G. Cotta'sche Buchhandlung Nachfolger GmbH, gegr. 1659, Stuttgart 2002

Alle Rechte vorbehalten

Fotomechanische Wiedergabe nur mit Genehmigung des Verlags

Printed in Germany

Umschlaggestaltung: Finken & Bumiller, Stuttgart

Gesetzt aus der Melior von Dörlemann Satz, Lemförde

Auf säure- und holzfreiem Werkdruckpapier gedruckt und gebunden von Clausen & Bosse, Leck

ISBN 3-608-94044-8

Die Deutsche Bibliothek – CIP-Einheitsaufnahme

Ein Titeldatensatz für diese Publikation ist bei

Der Deutschen Bibliothek erhältlich.

Für Thierry und Marie-Thérèse
und für Julia C.

„Eine Scheidung ist wie eine Amputation, man überlebt, aber man hat etwas verloren."
Margaret Atwood

„Mir wurde klar, warum nicht nur der Vater, sondern auch die Mutter für das Schicksal des Kindes so wichtig ist: nicht etwa darum, weil sie diese oder jene menschlichen Fehler oder Vorzüge haben, sondern weil – sozusagen zufälligerweise – sie die Menschen sind, die dem kindlichen Gemüt zum ersten Mal jene dunklen und mächtigen Gesetze vermitteln, welche nicht nur die Familien, sondern die Völker, ja die Menschheit als Ganzes zwingen und formen! Keine Gesetze, die von Menschen erfunden wären, sondern Naturgesetze und Naturgewalten, zwischen denen der Mensch auf der Schneide eines Messers geht."
Carl Gustav Jung

Inhalt

Einleitung

„Das tiefste Bedürfnis des Menschen ist es, Trennung zu
überwinden, das Gefängnis seiner Einsamkeit zu verlassen."
Mark Bryan

Als ich mit dem Schreiben dieses Buches begann, erfuhr
ich von den Freunden, die ich in meine Gedanken ein-
weihte, Widerstand. Ein Buch über Scheidung? Ein
Buch *gegen* Scheidung gar? Es ist doch schon alles gesagt. Es ist doch schon alles erforscht. Du kannst doch
nicht das Rad der Familien-Geschichte zurückschrau-
ben! Wer gibt dir das Recht zu urteilen?

All dies sind Einwände, die ich selbst schon in mir er-
wogen hatte. Dabei bin ich kein Illusionist. Ich will weder das Rad der Geschichte zurückdrehen noch einer
idealisierten Familienidylle nachtrauern. Ich weiß sehr
wohl, daß Familienleben auch in der Vergangenheit
nicht nur Honigschlecken war und daß es gerade in der
Kleinfamilie krasse Formen von Mühsal und Leid und
durchaus krankmachender Momente gab und immer
noch gibt.[1] Mir ist auch bewußt, daß sich mit der Berufs-
tätigkeit der Frauen zwangsläufig andere Familienfor-
men entwickeln, die der veränderten Lebenssituation
mehr gerecht werden. Alles, was die Familie betrifft, befindet sich in fließenden Übergängen.[2]

11

Mir geht es im folgenden nicht darum, Menschen, die geschieden sind oder die eine Scheidung anstreben, zu verurteilen. Aber ich wende mich mit diesem Buch gegen das gegenwärtige System der Scheidung, welches es mit einer bisher nie dagewesenen Leichtigkeit ermöglicht, bestehende Familien aufzulösen und Kinder zu Scheidungswaisen zu machen. Und wenn ich mich hier so entschieden gegen Scheidung ausspreche, dann nicht einfach *aus Prinzip*, nicht wegen der moralischen Einhaltung eines abstrakten Prinzips, sondern aus einer im Grunde sehr einfachen Einsicht und den daraus folgenden Konsequenzen:

In Deutschland werden derzeit vier von zehn Ehen geschieden mit weiter steigender Tendenz, in den USA jede zweite Ehe. Und dies erfolgt weitgehend unabhängig davon, ob die Eltern gemeinsame Kinder haben oder nicht. Früher, d.h. bis etwa zu dem Scheidungsboom des ausgehenden 20. Jahrhunderts, war die Existenz von gemeinsamen Kindern ein überaus gewichtiger, meist überhaupt ausschlaggebender Grund für Eltern, eine subjektiv nicht mehr als *glücklich* empfundene Ehe doch fortzusetzen. Sie taten es, wie es damals hieß, „zum Wohl des Kindes".[3] Dieses Argument hat – wie ich später zeigen werde – ausgedient. Kinder sind längst kein Grund mehr, eine Ehe *dennoch* weiterzuführen.

Der springende Punkt – und dies ist der Kern meiner

„Aber ich meine immer: Die Frauen, die wirklichen, verheirateten, nehmen die Männer so wichtig. Dabei ist nur eines wesentlich: das Glück der Kinder."

Erich Kästner,
Das doppelte Lottchen

Argumentation – ist folgender: Wissenschaftliche Untersuchungen einerseits, vor allem aber der gesunde Menschenverstand und unsere alltägliche Wahrnehmung zeigen, daß nur ein kleiner Prozentsatz der geschiedenen Ehen mit Kindern wirklich als so hoffnungslos zerrüttet und zerstört anzusehen ist, wie es die davon Betroffenen in ihrer momentanen Situation empfinden. Der Prozentsatz der Scheidungseltern, bei denen selbst durch Beratung oder durch eine Paartherapie keinerlei Verbesserung der Familiensituation zu erhoffen ist, ist gering. Bei diesem prozentual kleinen Teil von Scheidungsfamilien ereignen sich tatsächlich so grobe Verstöße gegen die Menschlichkeit, Vertrauensbrüche und eventuell pathologische und kriminelle Gewalt, daß es durchaus angeraten ist, diese Ehen, auch wenn Kinder mitbetroffen sind, durch Scheidung zu beenden.[4]

Der überaus größere Teil der Ehen hingegen, nämlich etwa 85–90 %, wird aus vergleichsweise wenig schwerwiegenden Gründen, wegen irgendwelcher Mißgefühle oder Mißstände, und ich behaupte sogar aus regelrecht banalen Ursachen geschieden. Aus Gründen jedenfalls, die in der Mehrzahl der Fälle bei gutem Willen kurzfristig oder langfristig lösbar und behebbar wären. An erster Stelle rangiert das diffuse Gefühl vieler Scheidungseltern, sich nicht mehr zu *verstehen*. Bei Kindern würde man sagen, sich nicht mehr zu *vertragen*. Erst danach kommen handfeste Konflikte um Sexualität, um Geld, Schwiegereltern, Weltanschauungen und die Dinge des Alltags.

Auffallend viele Ehen werden geschieden, und nach nur wenigen Monaten oder Jahren können die Betroffenen sich oft kaum noch an die wirklichen Beweggründe für die Scheidung zurückerinnern. Hingerissen von emotionalen und körperlichen Impulsen der momentanen Antipathie – sie können einander nicht mehr *riechen* – wird von vielen die Scheidung eingeleitet ähnlich wie sie den Prozeß gegen den Nachbarn beginnen, der sie den Sommer über mit Grillen oder Pestiziden ärgerte. Sobald das Wort *Scheidung* das erste Mal gedacht und ausgesprochen wird, nimmt das Geschehen eine eigene Dynamik an, mit Gegendrohungen, mit Rachegelüsten, mit neuen Partnern. Der Krieg ist eröffnet. Die Großfamilie ergreift sofort Partei für und wider. Die Anwälte verdienen gut und haben ein berechtigtes Interesse, daß die Scheidung „läuft". „Wenn ich die Parteien versöhne, verliere ich einen Fall" – sagt ein Rechtsanwalt zu seinem Kollegen.[5]

Alles *läuft* innerhalb dieser Dynamik. Ausgeschaltet ist dabei lediglich die Kontrolle über das eigene tiefere und bessere Wissen: „Es ist nicht gut für die Kinder." „Es zerreißt die Kinder." „Das Kind braucht Vater *und* Mutter." Wir haben sie so häufig in unserer Umgebung erlebt, die Kinder ohne Väter, die Jungen und Mädchen, die ohne Mütter aufwachsen. Wir hatten Mitgefühl und Mitleid. Wir wissen es eigentlich ganz genau, was die Konsequenzen des Vater- oder des Mutterverlustes bedeuten.

Und gleichzeitig wissen wir es auch nicht. Wir übergehen diese warnende, innere Stimme, stürzen uns in äußerliche Arrangements über Besuchsregelungen, Sorgerechts- und Geldabmachungen und nehmen darüber den Schmerz der Kinder nicht wirklich wahr. Das Kind aber will keine Scheidung. Das Kind will Vater und Mutter gemeinsam.[6] Das Kind will keine komplizierten Zweit- und Drittehen-Arrangements. Die Scheidungseltern nehmen diese Wünsche ihrer Kinder nicht wahr. Und wenn sie es doch tun, nur um sie sogleich vehement zu verdrängen, um nicht in ihrem Entschluß verunsichert zu werden. Das Kind hingegen, wenn es weiter drängt oder gar aufbegehrt, wird zum Kindertherapeuten, zum Hautarzt oder zum Schulpsychologen geschickt.[7]

Dieses Buch richtet sich gegen die vorschnelle, die rasche, die aus *banalen* Gründen eingeleitete Scheidung, in der die Eltern in ihrem Affekt meist dazu neigen, normale Ehekrisen mit handfesten, gewichtigen Scheidungsgründen zu verwechseln. Ich möchte, wie gesagt, nicht moralisch verurteilen. Aber ich möchte die Leserinnen und Leser dazu anregen, innezuhalten und auf die innere Stimme in sich selbst und auf die Stimmen der Kinder mehr zu hören als auf die geschäftigen und wortgewandten Scheidungsverwalter. Es gibt so viele Auffassungen über Scheidung, so viele Mißverständnisse, Mißdeutungen und so viele Lügen, denen man nur standhalten kann durch das Lauschen auf die eigene innere Wahrheit.

Sicher wäre es unsinnig gegen Scheidung zu argumentieren, wenn die Auflösung der Familie überzeugende Veränderungen und Verbesserungen für alle Beteiligten, einschließlich der Kinder, mit sich brächte, beispielsweise in neuen familienübergreifenden sozialen Lebensformen. Typischerweise aber drängt es die meisten der Geschiedenen mehr oder weniger schnell in eben dieselbe klassische Familienkonstellation nach dem Vater-Mutter-Kind-Modell, welche sie soeben hinter sich gelassen haben. Allerdings diesmal ausgewechselt durch Stiefvater oder Stiefmutter und Stiefgeschwister.[8] Zwar bringen diese neuen Arrangements oftmals das, was manche modernen Familientherapeuten für Kinder so wertschätzen, Flexibilität und Anpassungsfähigkeit. Aber der Aspekt des Verlustes, die Frage, welche Konsequenzen der ganze oder teilweise Verlust eines leiblichen Elternteils im Alltag des Kindes wirklich mit sich bringt, wird dabei nicht genügend bedacht.

Ich schreibe dieses Buch, weil ich glaube, daß Scheidung nicht immer, aber doch in der großen Mehrzahl der Fälle verhindert werden kann ohne einen substantiellen Verlust an Lebensqualität für die betroffene Familie, für den Mann, die Frau und für die Kinder. Inwieweit solche Familien dann *glücklich* sind, entzieht sich meinem Wissen. Allerdings halte ich Glück in der Familie, wie auch Glück generell für ein großes Geschenk, eine Gnade, wie etwa Gesundheit, aber durchaus nicht für etwas, auf das wir jederzeit einen Anspruch hätten.

Schließlich bin ich davon überzeugt, daß Ehe und Elternschaft in der Wahrnehmung der Gesellschaft immer noch Stiefkinder sind. Erst im Krisenfall treten die Institutionen in Kraft: Es gibt Beratungsstellen, auch der Beruf des Mediators wurde inzwischen etabliert.[9] Aber die Beratung im Vorfeld der Familie, die Vorbereitung auf all die möglichen Schwierigkeiten, vor denen junge Eheleute stehen, die Einweihung in die Wirklichkeit der Familie ist immer noch viel zu gering.

Wir lernen viel in der Schule, Geographie und Geschichte, Mathematik, Kunst und Computer, aber wir lernen nicht den Umgang, die Einübung in existentielle Lebensvorgänge und in Krisen. Sogar das Fach Ethik, das als Ersatz für Religion in vielen Schulen angeboten wird, wird meist abgehoben, allgemein behandelt – als die Ethik der anderen. An die Ethik im nahen, persönlichen Bereich wagt sich niemand heran. Und das obwohl etwa Schulkinder eine bisweilen ungeheuer strenge Moral und hohe ethische Maßstäbe in sich tragen, über die viele Erwachsene nur staunen können.[10]

Wenn ein Lehrer sich in eine Oberstufenschülerin verliebt (und umgekehrt wohlgemerkt), ist das Urteil der Schüler oft gnadenlos. Wenn der Klassenlehrer sich scheiden läßt, bricht für manche Kinder, meist ohne daß dieser es überhaupt erfährt, eine Welt zusammen. Noch einmal: Kinder wollen keine Scheidung. Scheidung widerspricht der Vorstellung von vertraglich verankerten sozialem Verbund: „Wir sind eine Familie."

„Die Hand auf den Kopf des schlafenden Kindes legend, verlor ich das Gefühl der Verdorbenheit, der Verlorenheit, der Überflüssigkeit, der Überzähligkeit, wie es sich so oft im Moment des Aufwachens einstellt."

Peter Handke

Beim Ausblasen seiner Geburtstagskerzen sagt ein sechsjähriger Junge: „Ich wünsche mir, daß der Papa, Mama und ich immer zusammenhalten."[11] Kinder mögen es nicht, wenn die Mutter auf einmal mit dem Mieter aus der oberen Wohnung zusammen ist, oder wenn der Lehrer statt mit seiner Frau mit einer Schulmutter im Arm zum Klassenfest kommt. Und die betroffenen

17

Erwachsenen ahnen dies sehr wohl. Sie speisen die Kinder mit Halbwahrheiten und Lügen, vor allem aber mit Schweigen ab. „Da saß ich dann und bekam jedes Wort mit. Und es waren mehr als genug. Sie redeten über Gott und die Welt, Autos, Verkehr, Wetter – und ließen nichts aus, was langweilig war. Aber die ganze Zeit kein Wort über Mama und Papa, über mich oder Papas Neue," vertraut ein junges Mädchen seinen Freunden an.[12]

Jugendliche, junge Erwachsene sind durch diese Art des Schweigens nicht gut vorbereitet auf die Ehe. Und sie lassen sich selber schnell, und wie sich zeigt, immer schneller, scheiden.

1. Kapitel:

Lügen machen das Unerträgliche erträglich

„Ich habe einen Vater, der hat Vögel, die nie sterben."

Anna Freud

Auslöser für dieses Buch war meine persönliche Begegnung mit Thierry, einem Jungen aus Frankreich, dessen Geschichte ich an dieser Stelle erzählen möchte. Thierry ist ein Scheidungskind. Als ich erlebte, in welchem Ausmaß an familialen *Lügen*, in welcher Verwirrung und Unsicherheit er lebte, entschied ich mich, über ihn zu schreiben. Thierry öffnete mir die Augen. Ich habe also sehr lebendig Thierry im Sinn, aber natürlich steht er stellvertretend für so viele andere in ähnlichen oder gleichen Lebensumständen.

Kurz zur Szene: In jenem Sommer waren wir in der Normandie. Gegenüber unserem Haus liegt ein Campingplatz, der größtenteils von Franzosen aus der unmittelbaren Umgebung bevölkert ist. Die meisten kommen aus den kleinen Städten ringsum, oft nur wenige Kilometer entfernt. Sie leben hier billig, mit Hund, Katze und Fernsehen im Zelt, und machen Ferien am Strand wie seinerzeit Monsieur Hulot.

Thierry fiel mir von Anfang an unter all den Kindern auf: Ein wirbelnder Junge, etwa 15 Jahre, schwarzes, langes strähniges Haar, lebendige dunkle Augen, der

Schwarm der kleinen Mädchen. Voller Schalk und Bewegung. Nur manchmal, mitten in den abendlichen Campingplatzvergnügungen, schien er plötzlich wegzusinken, schaute durch alles und alle hindurch, antwortete nicht, wenn man ihm etwas zurief. Dies fiel mir schon von Anfang an auf, diese kleinen Momente von *Abwesenheit*.

Meine Kinder waren bald Freunde von Thierry und Marie-Thérèse, seiner kleinen Schwester, die, mager und mit dünnen Zöpfen, immer hinter ihm her lief. Thierry war der Aufpasser seiner kleinen Schwester. Täglich kamen die beiden zu uns, oft bis nach Mitternacht, die Mutter erlaubte es, denn so hatte sie Ruhe im Zelt mit ihrem neuen Freund.

Bei Ferien-Halbzeit, gerade als sich die Kinder gut eingelebt hatten, fuhr die Familie zurück in ihre Heimatstadt. Die Kinder sollten die zweite Hälfte der Ferien im Süden Frankreichs mit ihrem algerischen Vater und dessen *Braut* verbringen. Unmittelbar vor Thierrys und Marie-Thérèses Abreise besuchten wir sie in ihrer Wohnung. Aber wir erkannten Thierry nicht wieder: Haare gestutzt, penibel sauber gekleidet, zwei Koffer standen auf dem Flur. Der Vater sollte nachts anreisen, er sollte, wie die Mutter sagte, einen starken Café trinken, die Kinder übernehmen und sogleich die Rückreise in den Süden antreten. Thierry sprach zu uns wie ein Fremder, blickte durch uns hindurch. Ich kannte ja diesen Blick, und Marie-Thérèse wirbelte durch die Wohnung wie von einer Tarantel gestochen.

Über ihren Vater hatten die Kinder uns schon viel erzählt: Regelmäßig drei bis viermal im Jahr komme er sie holen, zuletzt war es Weihnachten gewesen. Seine neue Braut, eine Spanierin, sei auch sehr nett. Als ich an diesem Tag mit Thierrys Mutter zusammensaß, erfuhr ich eine andere Geschichte: Die Kinder hatten den Vater zwei Jahre lang nicht gesehen. Sie kannten die neue *Braut* noch nicht, und der Vater hatte im letzten Jahr versprochen, sie zu Weihnachten zu holen, es aber kurzfristig abgesagt. Und, was ebenso wichtig war, ich erfuhr, daß Thierry gegen seinen Willen reiste.

Und nun erst verstand ich die Zusammenhänge: Die Kinder mußten sich, um diese Mischung aus Angst, freudiger Erwartung und Trennungsschmerz überhaupt auszuhalten, ihre eigene Wahrheit zusammendichten: „Es ist alles gut. Es ist alles ganz wie immer, wie immer wenn er uns holt. Die neue Frau ist gar nicht neu." Und ich begann, die Sprachlosigkeit und die Erstarrung von Thierry ebenso wie das hochmotorische Wirbeln der kleinen Schwester zu verstehen. Nämlich als Zeichen von Angst.

Ich kenne diese Art der *Kinderlügen*. Es sind keine Lügen, das sollten wir Erwachsenen begreifen. Es sind Schutz-Erfindungen, um die Angst zu bannen, um nicht von ihr aufgefressen zu werden. „Angst essen Seele auf", heißt ein Film von Faßbinder. Das Kind dichtet die Realität so um, wie es sie für sich braucht. Es lügt die Realität um. Und dies geschieht nach seiner eigenen, kindlichen Logik. Auch Erwachsene tun dies, aber sie

> *„Hast Du einen Vater?' fragte ich, und ich hoffte und wünschte, daß er einen hätte. Ich war selbst so lange ohne Vater gewesen, daß ich wußte, wie traurig das war."*
>
> Astrid Lindgren,
> Mio, mein Mio

21

sind besser eingeübt in Realitätskontrolle und in die Moral des Lügen-Verbots, und sie behalten deshalb ihre großen und kleinen Lügen eher für sich. Kinder dagegen sprechen sie ungehemmt aus: „Papa kommt uns dreimal im Jahr holen und Weihnachten auch."

Anna Freud, die Tochter von Sigmund Freud und große Kennerin der Kinderseele, hat diesen Vorgang in ihren Forschungen bestätigt, als sie in den Jahren des zweiten Weltkriegs in ihrem Londoner Exil ausgebombte und verwaiste Kinder betreute. Sie hinterließ uns in ihren Aufzeichnungen ergreifende Beispiele von jüngeren Kindern, die vom Tode des Vaters oder beider Elternteile durchaus *wußten*, dies jedoch entschieden leugneten und nicht aufhörten, von ihnen zu reden und zu schwärmen. Sie malten sich beispielsweise aus, was er anhatte: „Ich habe meinen Vater auf der Strasse gesehen. Er hatte eine schöne Uniform an. Ja, er war es. Meine Mutter sagt, er wird zurückkommen." (Peter, 4 Jahre) Oder sie dachten sich aus, was er mitbrachte: „Mein Vater kommt nächsten Sonntag. Ja, er kommt am Sonntag. Du wirst sehen, er bringt mir die größte Tafel Schokolade, die du je gesehen hast." (Olga, 4 Jahre) Und schließlich erdichteten sie, was sie mit ihm zusammen tun würden: „Mein Vater geht heute mit mir in den Zoo. Er hat es mir gestern abend versprochen. Er kommt jeden Abend zu mir, setzt sich auf mein Bett und spricht mit mir". (Peter, 4 Jahre)[13]

Was heißt schon „wissend"? Was ist hier stärker, die

> *Es gibt eine Grundregel: Je bunter, verrückter, größer die phantasievolle Erdichtung, desto tiefer der Schmerz, der besänftigt werden will.*

Realität des väterlichen Todes oder die Realität der Phantasien, mittels derer die Väter herbeigezaubert werden?

Man phantasiert nicht einfach in den Tag hinein. Die Phantasien erfüllen immer einen tiefen Sinn, haben ihre eigene, zwingende Logik, die Logik der Seele und ihres Schutzes. Und Phantasien gehen dann leicht in Lügen über, oder das, was man gemeinhin Lügen nennt. Lügen ist schon immer das Transzendieren, das Überschreiten der Grenzen gewesen, und mit dem Transzendieren beginnt das Reich der Freiheit. Jedenfalls für Kinder. „Mein Vater ist Negerkönig im Takatukaland und meine Mutter sitzt oben im Himmel und schaut durch ein kleines Loch auf mich herunter," läßt Astrid Lindgren die verwaiste Pippi Langstrumpf sagen. Und kein Kind in der Welt, das dies nicht versteht.

2. Kapitel:

Warum heiraten wir überhaupt?

„Je bindungsloser und unübersichtlicher die Welt wird, desto mehr sehnen sich die Menschen nach der Insel Ehe, träumen von ewiger Liebe."

Thomas Hofer

Heiraten ist immer noch *in*. Fast jedes junge Mädchen wünscht sich, später zu heiraten. Junge Männer sind da ein bißchen zurückhaltender in ihren lebensplanerischen Äußerungen. Das Ritual der Heirat besteht fort. Geistliche aller Religionen – Priester, Rabbiner und Imame – segnen den „Bund fürs Leben". Kaum eine unserer Weltreligionen, die die Ehe nicht als lebenslängliche Institution betrachtete. Sie soll bestehen „in guten wie in schlechten Tagen", gemäß dem biblischen Gesetz. Dabei wissen wir doch alle, daß das Zusammenhalten im Guten ein Leichtes ist. Das eigentlich Verpflichtende und oft schwer Einlösbare betrifft die schlechten Zeiten. Bei jeder Hochzeit wird an diesen ursprünglichen Auftrag der Ehe erinnert und gemahnt. Aber die Realität sieht anders aus.

Wir sind inzwischen eine Scheidungsgesellschaft geworden, manche sagen sogar *Scheidungskultur*.[14] Die Presse überschlägt sich mit Meldungen über Scheidungsrekorde: „Noch nie gab es so viele Scheidungen".

„Noch nie sind in Deutschland so viele Ehen geschieden worden wie im vergangenen Jahr."[15] Wir wollen hier nicht über Zahlen sprechen, das ermüdet und erschlägt. Es genügt hier festzustellen, daß vier von zehn Ehen in der Scheidung münden, bei weiter steigender Tendenz.

Welch ein Widerspruch: Jeder weiß um die Brüchigkeit der Ehe, aber immer noch haben wir, wenn wir vor den Traualtar oder das Standesamt treten, in den Köpfen und auch in den Herzen diese kindlich-naive Hoffnung auf eine dauerhafte, womöglich lebenslängliche Gemeinschaft. Wir glauben, wenn wir unsere *Liebe des Lebens* gefunden haben, die Ausnahme zu sein. Ehescheidung trifft doch nur die anderen, für uns liegt sie außerhalb der Vorstellungskraft. Auch der freundliche Standesbeamte, obgleich er es besser wissen müßte, meidet wohlweislich die Worte *Trennung* und *Scheidung* wie der Teufel das Weihwasser.

Und die Mehrzahl der Menschen hängt immer noch innerlich an den Werten der Familie: „Wenn man Menschen in Amerika oder Europa fragt, was ihnen im Leben am wichtigsten ist, nennen sie immer noch ihr Zuhause und die Familie an erster Stelle; nicht einmal Religion oder Gemeinschaft können da mithalten. Trotz des Geredes über den Niedergang der Familie und das Ende der Ehe zeigen Umfragen, daß sich der persönliche Wunsch des Durchschnittsamerikaners nach einer Ehe in den letzten dreißig Jahren konstant (bei erstaunlich hohen sechsundneunzig Prozent) gehalten hat".[16]

Hier liegt ein starkes gesellschaftliches Tabu. Trotz unseres Wissens um die Scheidungsrealität überwiegt im Stadium der Verliebtheit, wenn die Ehe geschlossen

wird, die in den tieferen Schichten des Menschen verborgene, sprachlich und gedanklich kaum zugängliche
Sehnsucht des Menschen nach Dauer, nach Ausschließlichkeit und nach umfassender Annahme der eigenen
Person.

Die *Sehnsucht nach Dauer* entspricht dem kindlichen
Wunsch, nie von der Mutter, der Quelle von Nahrung,
Wohlbehagen und Glück, getrennt zu sein. Meine drei-
zehnjährige Tochter sagt zu mir, sie könnte sich ein Leben ohne mich überhaupt gar nicht vorstellen. Und so
habe ich selbst auch mit dreizehn Jahren über meine
Mutter gedacht, und so denken und fühlen die allermeisten Kinder.

Die *Sehnsucht nach Ausschließlichkeit* entspringt
dem ursprünglich narzißtischen Wunsch des kleinen
Kindes, die Mutter einzig zu besitzen, einzig auf dem
Schoß der Mutter zu thronen, einzig an der Brust zu saugen, nicht teilen zu müssen, mit gar niemandem. Deshalb das uralte Zwillingstrauma, *teilen* zu müssen. Wer
ist der erste? Wer ist der meist geliebte? Wer bekommt
die Milch der Mutter? Wer bekommt den Segen des Vaters? Im Stadium der Verliebtheit bricht diese Sehnsucht
neu auf, und zwar mit voller, ungehemmter Kraft. Alle
Verstandesargumente bestehen nur schwach daneben.

Die *Sehnsucht nach umfassender Annahme*, auch sie
entspringt unserer frühkindlichen Lebensphase. Wir
konnten nur wachsen und gedeihen, wenn die Mutter
uns wirklich annahm, so wie wir waren, lockig oder
kahlköpfig, dick oder mager oder auch schielend. Wenn
man sich die Mütter auf den Entbindungsstationen oder
später auf den Spielplätzen anschaut, entdeckt man, daß

jede ihr eigenes Baby und Krabbelkind als das süßeste unter allen empfindet. Und wenn es nicht so ist, wenn die Mutter mit anderen Babys liebäugelt und mit ihrem eigenen Kind unzufrieden ist, wenn sie kritisch an ihm herumnörgelt, so ist dies keine gute Basis für das Gedeihen des Kindes. Goethe spürte sein ganzes Leben lang und bei allem was er tat – und dies war eine seiner nachhaltigsten frühen Erinnerungen – den „Glanz im Auge der Mutter", das tiefe, uneingeschränkte Bejahen seiner Person durch die Mutter.

Dieses Grundgefühl vom „Glanz im Auge der Mutter", auch wenn man selbst zeitweise versagt, auch wenn man sich krank und elend fühlt, gibt das Rückgrat im Leben, den inneren Halt. Dieses im Partner oder in der Partnerin wiederzuerlangen, gilt alle spätere, zumeist verborgene Sehnsucht. Wer heiratet, möchte in seiner Gesamtheit, mit seinen Sonnen-, aber auch mit seinen Schattenseiten anerkannt werden, mit seinen Träumen, seinen Erinnerungen, seinen Traurigkeiten und seinem Ärger, ganz so, wie die meisten Menschen sich in früher Kindheit von ihrer Mutter angenommen fühlten. Im Akt der Eheschließung ist all dieses verheißen und versprochen. Das Ritual umschließt alles.

Allein der Verstand weiß um die Gefährdungen: Er weiß, daß die Ehen längst nicht mehr von Dauer sind – vier von zehn werden geschieden. Er weiß um die Häufigkeit von Ehebruch, inzwischen gibt es schon etablierte Seitensprungs-

„Wenn ich entscheide zu heiraten, dann wird es bis zu meinem Tode sein."

Judith Wallerstein

Institute. Er weiß auch, daß die meisten Einbrüche in die zunächst harmonische Ehe dann erfolgen, wenn der Partner die Schattenseiten des anderen entdeckt und sich dadurch getäuscht und vor allem enttäuscht fühlt.

Der Kopf weiß dies alles. Aber die Seele – welche verborgene Weisheit ist da am Werk – die Seele ist stärker als der Verstand. Sie ist auch, wie der Philosoph Theodor W. Adorno sagt, *konservativer* als der Verstand. Die Seele, auch als Sprachrohr des Leibes und seiner Begehren, mißachtet die Argumente des Kopfes. Sie lacht nur über Scheidungsziffern und Scheidungsrekorde; „Alle mögen sich scheiden lassen, wir beide, du und ich, wir nicht." Das ist die Utopie der Seele.

Deshalb also heiraten die Menschen trotz aller Scheidungsprognosen immer noch. Und es ist sogar zu beobachten, wie momentan eine neue Art Heiratswelle im Gange ist. Man heiratet neuerdings in Schlössern, auf Burgen und in Museen. Heirat wird weiterhin zum außergewöhnlichen (übrigens auch teuren) Happening. In jedem größeren Kaufhaus gibt es inzwischen Hochzeitsabteilungen, die so verlockend sind, daß sie nicht nur Brautleute anziehen, sie bilden regelrechte Kaufhaus-Attraktionen. All dies ist Ausdruck der modernen *Heiratskultur.*

In den meisten Kulturen der Welt ist und bleibt Heiraten eine pompöse Inszenierung. Vielleicht, so könnte man mutmaßen, werden auf diese Weise die letzten Ängste, die mit der Eheschließung doch noch verbunden sind, niedergehalten und übertönt. Die Sehnsucht nach dem Familiennest überwiegt ganz einfach. Auch, oder nach Meinung mancher Familientherapeuten gerade Kinder aus geschiedenen Ehen hegen, entgegen ihren eigenen Erfahrungen, diese traditionellen Wertvorstellungen und Wünsche. „Die jungen Menschen suchen verläßliche moralische Normen wie Ehe und Familie, (auch) um die Defizite ihrer eigenen Kindheit auszugleichen.".[17]

3. Kapitel:

Die Pole des Lebens

„Was aber heißt Leben? Leben bedeutet Nehmen und Geben.
Einatmen und Ausatmen, Eindruck und Ausdruck. Immer aber
muß beides in einem da sein. Fehlt eines von beiden,
dann ist das Leben unvollständig."
Otto Haase

Das Rad der Geschichte, auch das Rad der Familienge-
schichte, können wir nicht zurückdrehen. Zu sehr hat
jene in der Vergangenheit herrschende Fixierung auf die
Zwei-Teilung – hier Vater, da Mutter – auch zu einer
Trennung der Geschlechter geführt. Dies geschah um
den Preis, daß jedes Geschlecht von den Kräften und
Möglichkeiten des jeweils anderen abgetrennt war, oft
lebenslänglich.

Schauen wir uns die Familienphotos oder gar die Ge-
mälde der Vergangenheit an: die autoritäre, strenge Pose
der Väter, der Zwang, der sich in ihren Gesichtern wi-
derspiegelt, und die Bravheit und Starre der Mütter.
Man vermißt so sehr die Lebendigkeit bei diesen Müttern. Man spürt, daß beide Geschlechter abgetrennt sind
von ihren vitalen Quellen. Man sucht nach einer inneren Verbindung zwischen beiden und findet sie kaum,
obwohl es diese ja zweifellos gegeben haben muß. Nein.
diese Familien wünschen wir uns nicht zurück.

Diese Starre in der Aufteilung der Geschlechterrollen war nicht nur für das Kind, sondern weit darüber hinaus auch für die Gesellschaft selbst problematisch. Väterliche Autorität, die in bestimmten Entwicklungsphasen sinnvoll und notwendig ist, und deren Mangel wir heute oft beklagen, kann auch selbst zu einem Instrument von Starre und Unterwerfung werden und damit Entwicklung hemmen, individuell und kollektiv.

In der deutschen Geschichte wurde das väterliche Prinzip in Form von Regeln, Recht und Ordnung oft überstrapaziert: „Die Verzweiflung von Frauen und Kindern, der Raub an Lebensglück, die materielle und psychische Ausbeutung infolge der ökonomisch begründeten Vormachtsstellung des Vaters hat in den letzten Jahrhunderten nur in höchst begrenzten Perioden, Regionen und sozialen Schichten weniger gelastet als im Altertum," schreibt in diesem Zusammenhang der Soziologe und Philosoph Max Horkheimer.[18] Und er folgert daraus, daß die geistige Welt des Kindes, seine Phantasien, Träume und Wünsche und all seine Vorstellungen über Menschen seit Jahrhunderten schon von diesen Ordnungs- und Regelstrukturen – Macht von Menschen über Menschen, Oben und Unten, Befehlen und Gehorchen – beherrscht werden. Wir alle wissen, wohin solches Denken führen kann. Diese traditionelle Familienform mit all ihren bedenklichen Folgewirkungen ist nicht die Alternative für unsere moderne Patchworkfamilie.

Und dennoch brauchen wir Mutter und Vater in unseren Familien. Alles Denken der Menschen, alle Strukturierung in Raum und Zeit beginnt in der Wahrnehmung von Polen, von Gegensätzen. *„Gut"* läßt sich nicht denken ohne *„böse"*, *„hoch"* nicht ohne *„tief"*. Manche alte Sprachen trugen dem Rechnung, so beispielsweise das Latein, und bezeichneten häufig die polaren Gegensätze mit ein und demselben Wort. Dieses mußte jeweils aus seinem Sinnzusammenhang erschlossen werden, (altus = hoch und altus = tief). Und schließlich *Vater* nicht ohne *Mutter*.

Wir brauchen das Spiel mit den Polen, mit den Gegensätzen, um das jeweils Dritte, das Werdende, zu schaffen. Gedanklich oder real. Und in fast allen Schöpfungsmythen finden wir kosmische Analogien zu Vater und Mutter, wobei meistens der Himmel den Vater repräsentiert, die Erde aber die Mutter.[19] Und das Kind, das in seiner Ichwerdung noch einmal auf seine Weise alle Menschheitsetappen durchwandert, trägt diese Analogien als Erinnerungsspur in seinen tiefsten Schichten in sich.

Das Denken des Kind ist nicht sprachlich. Es ist *analogisch* strukturiert. „Analog", so beschreibt es Ottokar Graf Wittgenstein, „bedeutet dem Sinn entsprechend, den Gesamtsinn – logos – hindurch, hinauf, oben ansteigend, durchdringend. Das analogische Denken setzt ein entsprechendes Verhältnis zu dem Gedachten. Kinder denken analogisch. Urvölker denken analogisch. Das Denken aus dem Bilde, aus einem Im-Bilde-sein, ist, im Gegensatz zu einem Denken aus Begriffen, analogisch. Analogisch sind die Bilder der Märchen und die Gleichnisse der Bibel zu sehen."[20]

Analogisches Denken ist Bilddenken, szenisches Denken. Es setzt immer die Vielfalt voraus, die aus der Zweiheit erwächst. Geben Sie dem Kind einen Stift in die Hand, es malt Haus und Baum, Blume und Schmetterling. Es malt Mutter und Kind. Nie bleibt eines allein. Kindliches Denken, das wir auch als Erwachsene in uns tragen, produziert fortlaufend assoziativ die Pole: Sonne und Mond – Tag und Nacht – Sommer und Winter – Ich und Du – Vater und Mutter.

Das große Abenteuer des Lernens, die Erforschung der Welt, kann für das Kind erst dann beginnen, wenn die beiden Grundpfeiler – Sonne und Mond – fest verankert sind. Erst danach beginnt allmählich das Ausfüllen der Zwischenräume – die Sterne – das Entdecken von Widersprüchen, von Ambivalenzen, von Abstecken der Grenzen und das Riskieren von Grenzüberscheitungen. Ich kann Moral erst brechen, wenn ich Moral kenne. Da beginnt das Abenteuer des Geistes. Dieses Abenteuer kann aber nicht beginnen, wenn die Grundpfeiler am Schwanken sind oder fehlen. Dann nämlich fließt der Hauptteil der kindlichen Lebensenergie in die Wiederherstellung der Grundpfeiler. Dann muß das Kind mit allen Mitteln versuchen, sich abzusichern, Chaos abzuwehren. Das Kind entwickelt Ängste, Aggressionen, Phobien, vielleicht auch Zwänge, um auf diese Weise die innere Unsicherheit durch äußere Sicherheit zu ersetzen. Oder – darin ist das Kind Meister – es *regrediert*. Es fällt zurück in einen früheren Lebensabschnitt, wo es noch nicht um Unsicherheit wußte, wo es noch eins war mit sich, mit der Mutter und mit der Welt. Oder – wenn es Glück hat – hebt es ab in die Phantasie, um das Verlorene dort wiederzuerlangen: „Das sah ich ihn. Ich sah meinen Vater, den König. Er stand an derselben Stelle, wo ich ihn verlassen hatte, als ich zum Wald der Dunkelheit geritten war. Dort stand er und streckte mir seine Arme entgegen und ich warf mich an seine Brust. Fest, ganz fest drückte ich ihn an mich und er drückte mich fest an sich und flüsterte: ‚Mio mein Mio!'. Denn er liebte mich, mein Vater, der König, und ich, ich liebte ihn, meinen Vater, den König."[21]

4. Kapitel:

Enttäuschung in der Ehe

„Die Ehe soll alle Wunden heilen, sie soll alle Ungerechtigkeiten, die einem je widerfahren sind, ausgleichen oder zumindest darüber hinwegtrösten."

Matthias Waïs

Gestern draußen am See sah ich ein tanzendes Ehepaar. Die Frau war schwanger. Ihre beiden Söhne, wohl zwischen drei und fünf Jahren, saßen am Rande der Tanzfläche auf dem Boden gekauert. Mitten beim Tanzen, nach jeder Drehung sprang der Vater weg – und er machte wirklich jedesmal einen Sprung – tanzte auf die Kinder zu und küßte sie einen nach dem anderen auf den Kopf – um sich danach, streng im Rhythmus bleibend, wieder der Frau zuzuwenden. Und dies wiederholte er immer wieder, solange der Tanz dauerte. Selten sah ich ein so inniges Bild von Väterlichkeit.

Viele Kinder – inzwischen mehr als ein Drittel – haben nicht einen Vater, der sie auf den Kopf küßt, geschweige denn einen, der vor ihren Augen für sie tanzt und sie in die Welt der Großen und die Welt der Sinnlichkeit einführt. Und erstaunlicherweise verlieren die meisten Scheidungskinder den Vater schon früh, in den ersten Lebensjahren, in etwa dem Alter der beiden Jungen. Warum dies?

Natürlich gibt es so viele Scheidungsgründe wie es Menschen und menschliche Beziehungen gibt, also unendlich viele. Und dennoch ist es möglich, diese vielen auf einige wenige Formen zu reduzieren. Ohne hier vereinfachen zu wollen, ist es mir doch wichtig, hier eine einfache, klare Sicht der Dinge zu erlangen, in der sich viele Menschen wiederfinden können. Ich spreche hier zunächst von den scheidungswilligen Eltern, die späteren Kapitel handeln von den Kindern. Dabei lautet die Grundformel: Alle von der Scheidung Betroffenen fühlen sich *enttäuscht*.

Enttäuscht: das heißt traurig und verzweifelt, aber auch, und das ist der ursprüngliche Sinn des Wortes, sie hatten sich *getäuscht* und sind nun aus einer Täuschung aufgewacht. Sie hatten etwas erhofft, gewünscht und ersehnt, was nicht eingetroffen ist. Damals im Stadium der Verliebtheit wurde der oder die Geliebte verklärt und erhöht: Dickköpfigkeit wurde als *Charakter* gedeutet und hochgeschätzt. Übermäßige Empfindlichkeit und Kränkbarkeit wurde als *Sensibilität* umgedichtet. Selbstbezogenheit galt damals als bewundernswertes *Selbstbewußtsein*. Manchmal, dies weiß jeder von Scheidung Betroffene, manchmal schimmerte schon damals im Stadium der Verliebtheit das Eigentliche als Wahrheit durch, aber schnell wurde es hinuntergewürgt, abgeschüttelt wie Staub von den Kleidern.

Nun kommt die Enttäuschung, welche auf den Partner, auf denjenigen, der die Hoffnungen nicht erfüllte, so böse macht. Oft wagen sich auch jetzt die Erinnerungsspuren zurück: „Ich habe es ja damals schon geahnt." „Ich habe es doch schon immer gewußt."

Theodor W. Adorno schreibt in seinen „Minima Moralia": „Sobald Menschen, auch gutartige, freundliche und gebildete, sich scheiden lassen, pflegt eine Staubwolke aufzusteigen, die alles überzieht und verfärbt, womit sie in Berührung kommt. Es ist, als hätte die Sphäre der Intimität, das unwachsame Vertrauen des gemeinsamen Lebens sich in einen bösen Giftstoff verwandelt, wenn die Beziehungen zerbrochen sind, in denen sie beruhte. Das Intime zwischen Menschen ist Nachsicht, Duldung, Zuflucht für Eigenheiten. Wird es hervorgezerrt, so kommt von selber das Moment der Schwäche daran zum Vorschein, und bei der Scheidung ist eine solche Wendung nach außen unvermeidbar. Sie bemächtigt sich des Inventars der Vertrautheit. Dinge, die einmal Zeichen liebender Sorge, Bilder von Versöhnung gewesen sind, machen sich plötzlich als Werte selbstständig und zeigen ihre böse, kalte und verwerfliche Seite. Je ‚großzügiger‘ die Vermählten ursprünglich zueinander sich verhielten, je weniger sie an Besitz und Verpflichtung dachten, desto abscheulicher wird die Entwürdigung der Vermählten."[22]

Halten wir hier noch einmal fest: Die Enttäuschung über den Partner und über die Realität der Ehe ist das häufigste Motiv für Scheidungen überhaupt. Hinzu kommt nun ein zweites: Die scheidungswilligen Eltern haben sich meist auch darüber getäuscht, was es wirklich heißt, Mutter und Vater zu sein. Paradoxerweise beginnen die meisten Ehen zu kränkeln, wenn das ersehnte erste oder zweite Kind eingetroffen ist, manchmal nach nur wenigen Monaten, oft auch nach zwei bis drei Jahren. Viele junge Eltern lebten in dem Glauben, Kinder zu haben sei – neben allem Glück – lediglich eine *Ergän-zung* zu dem bisherigen Leben, sie bräuchten lediglich ein bißchen mehr Zeit, ein bißchen mehr Raum und auch Geld, um ansonsten ihre persönlichen und beruflichen Dinge relativ unverändert weiterzuverfolgen.

Dies wiederum ist eine der großen Täuschungen im Eheleben. Kinder zu haben bedeutet *Transformation*. Es läßt sich nicht bei Fortsetzung des bisherigen Lebens-stils nebenbei erledigen. Kinder zu haben, Babys, kleine aber auch heranwachsende Kinder, bedeutet immer ei-nen *Perspektivwechsel*, einen Wechsel in der Orientie-rung. Idealerweise zentriert sich das Leben der Eltern nun um das Kind, um seine Schlaf- und Wachzeiten, seine Nahrung und seine Gesundheit. Selbst in Zeiten der elterlichen Abwesenheit, Vater und Mutter gehen ins Kino oder sind verreist, sind sie gebunden an das Kind, innerlich verschmolzen in Verantwortlichkeit, daß das Kind gut versorgt ist, daß es schläft, daß es ißt, daß es nicht durch böse Träume erschreckt wird.

Dieser Perspektivwechsel, weg von der Konzentrie-rung auf das eigene Selbst hin zum Wohl des Kindes, ge-lingt vielen Paaren nicht. Sie versuchen gradlinig ihren bisherigen Lebensstil weiterzuverfolgen und dabei das Kind irgendwie unterzubringen. Man erkennt dies im Kleinen wie um Großen. Man sieht es bei Frauen, die zwar, weil dies zur guten Mutter gehört, ihre Kinder *stil-len*, gleichzeitig aber dabei emsig mit der Freundin tele-fonieren, Zeitschriften lesen oder sich auf Prüfungen vorbereiten, selbst also keineswegs still sind.[23] Und man entdeckt es bei manchen Frauen, die ihre eigenen stram-men Terminpläne auf keinen Fall durch das Neugeborene durchkreuzt haben wollten. Während der Schwangerschaft und nach der Geburt nehmen sie forcierte Anstrengungen auf sich, sie vollbringen Höchstleistungen nach dem Motto: Es soll doch niemand glauben, daß ich mich durch das Kind „schwächen" lasse.

Schwangerschaft und Mutterschaft als Schwäche! Der englische Arzt und Kinderanalytiker Ronald D. Winnicott hat darüber eine eigenwillige Theorie entwickelt:[24] Er beschreibt die mütterliche *Regression*, und meint damit, daß die Mutter, um auf ihr noch sprachunfähiges und gänzlich unsoziales Neugeborenes angemessen eingehen zu können, sich ganz auf dessen Niveau einstellen müsse. Sie muß zeitweise *regredieren*, zurückgehen, wie das lateinische Wort sagt, zurückfallen, sich fallenlassen, sich gemeinsam mit dem Kind einhüllen in eine Mutter-Kind-Aura. Sie muß loslassen von der Welt, von dramatischen Nachrichten, Zeitungen und Beruf. Für die schwangere Frau und für die Mutter des Neugeborenen zentriert sich alles auf das Kind, alle mütterliche Energie wird benötigt, um Mutter und Kind in einen gemeinsamen Rhythmus, innerlich und äußerlich, zu bringen, und in eine gemeinsame Sprache, auch wenn sie sonst niemand versteht. Der Psychoanalytiker Alfred Lorenzer hat hierfür einen eigenen Begriff gefunden, den ich als besonders treffend empfinde. Er spricht vom *Einigungsprozeß* zwischen Mutter und Neugeborenem, und meint damit diesen besonders empfindsamen Prozeß, dessen es bedarf, damit Mutter und Kind ein gemeinsames Maß finden. Das Kind, als ungeformtes, kleines Bündel, muß dabei eine ungleich höhere Leistung vollbringen, aber auch die Leistung der Mutter, die sich

39

zeitweilig von den erlernten Erwachsenenstrukturen wieder befreien und in weichere Formen zurückfinden muß, ist groß. Vor allem muß die Mutter grundsätzlich bereit sein, in diesen Einigungsprozeß einzutreten.[25]

Erst ganz allmählich, bei manchen nach sechs Monaten, bei manchen nach einem Jahr, meist spürt die Mutter es auch selbst, wann die Zeit reif ist, darf und soll sie wieder „aufwachen" und heraustreten aus diesem traumwandlerischen, kind-zentrierten Zustand. Und nicht zufällig hängt dieser Zeitpunkt meistens auch mit dem Ende des Stillens zusammen.

Viele moderne junge Frauen verhalten sich genau gegensätzlich. Sie wehren sich entschieden gegen diese Art der Regression, von der sie meinen, daß sie die Frau nur schwäche. Sie fordern deshalb von sich selbst und vor allem von ihrem Körper ein fortlaufendes, reibungsloses Funktionieren, genau wie vor der Geburt des Kindes.[26] Erst später dann nehmen sie irgendwann staunend und resigniert, manchmal auch wütend, wahr, daß ihre eigene Lebensweise mit der des Kindes nicht zusammenpaßt. Oftmals muß sogar eine Störung oder eine Krankheit des Kindes die Mutter zu dieser Wahrnehmung zwingen.[27]

Wenn der erfahrene Kinderarzt Winnicott von mütterlicher Regression spricht, will er die Mutter damit nicht an ein hohes Ideal fixieren. Im Gegenteil: Er war es, der das Ideal der perfekten Mutter, wie es manchmal in Erziehungsbüchern offen oder latent vertreten wird, heftig kritisiert. Er warnt vor der Starre solch einen Ideals und schlägt statt dessen vor, die *„good enough mother"* als Maßstab zu nehmen. Die *good enough mother*, das ist die Mutter, die mit allen ihren Unzulänglichkeiten, Launen und Eigenheiten doch strukturell *gut genug* ist, um für ihr Kind da zu sein, präsent zu sein. Durch ihre Präsenz ermöglicht sie dem Kind Wachstum und Sicherheit und bald darauf auch seine Fortbewegung und Autonomie, die zum Großwerden notwendig ist.

5. Kapitel:

Dreieinheit: Vater – Mutter – Kind

„Ich wünsche mir, daß Papa, Mama und ich immer zusammen halten."

Jonas, 6 Jahre

In diesem Kapitel beschreibe ich nun einen zweiten Grund von Enttäuschung, der zur Trennung führen kann. Und wir knüpfen an das oben Gesagte unmittelbar an. Parallel mit dem Einigungsprozeß zwischen Mutter und Kind, das heißt parallel zu diesem höchst empfindsamen Angleichungsprozeß zwischen zwei verschiedenen Wesen, zwischen unterschiedlichen Rhythmen und Bedürfnissen, parallel dazu also müssen Vater und Mutter in Kontakt, besser noch in „Schwingung" miteinander bleiben. Dies klingt so selbstverständlich, aber in der Realität ist gerade dies so schwer.

Viele junge Frauen finden zwar den Weg hinein in die Mütterlichkeit, aber sie verlieren dabei gleichzeitig den Kontakt zum Mann. Eine Zeitlang, einige Wochen und auch Monate nach der Geburt, ist dies fast die Norm. Der Vater sollte dies respektieren und die Mutter sollte es sich auch selbst zugestehen, weil zunächst *alle*, wirklich alle Lebensenergie – und das heißt vor allem Körperenergie – vom Neugeborenen gebraucht wird.

Aber oftmals gelingt dann der Übergang nicht. Der

Mann mit seinen Wünschen und Forderungen nach Zärtlichkeit, nach Umsorgtwerden und mehr Zeit wird von der Frau als Belastung, als *Störfaktor*, nicht selten als *zweites Kind* empfunden. Umgekehrt haben auch Väter durchaus ein feines Gespür dafür. Ein betroffener Vater drückt es so aus: „Die leibliche Innigkeit von Mutter und Kind während der Schwangerschaft, Geburt und Stillzeit, ließ mich als Zaungast weit außen vor, Kinderwagen und Pampers hin und her. Der dazugestoßene Dritte war nicht das Kind, das war ich, und viele meiner kläglich-väterlichen Faxen waren immer wieder ein zaghaftes Klopfen an verschlossener Tür, hinter welcher sich ein intimes Idyll zwischen Mutter und Kind abspielte."[28] Vielen Frauen erscheint es deshalb praktischer und unkomplizierter, ohne den Vater auszukommen. Die Beziehung der einst Liebenden löst sich auf. Die Liebesenergie wird vom Vater abgezogen, er wird *überflüssig*. Und die jungen Väter selbst, ungeübt und unvorbereitet in Väterlichkeit, sind oft zu schwach, sich ihren Platz zu erkämpfen. Sie weichen aus, zunächst nur stundenweise, dann immer mehr und länger, sie verschwinden einfach, und der Teufelskreis schließt sich: Sie werden am Ende wirklich entbehrlich.

Hier liegt eines der großen Krisenpotentiale der jungen Ehe. Die Liebenden, die bisher ganz aufeinander bezogenen Zwei müssen es lernen, sich gemeinsam und jeder für sich auf ein Drittes zu beziehen und dennoch sich gegenseitig nicht zu verlieren. Äußerlich und in der Vorstellung erscheint dies so einfach. Aber in der Lebensrealität ist eben dies schwer.

Das Wissen um diese Vorgänge und um die möglichen

Gefahren könnte vielleicht vorbeugend wirken, könnte unter Umständen diese möglichen Lebenskrisen erhellen und so leichter lebbar machen. In früheren Zeiten gab es immer irgendwelche älteren Frauen, die die Jüngeren beiseite nahmen und sie in diese Geheimnisse und Schwierigkeiten einweihten. In den Initiationsriten für Mädchen, denen sie sich beim Eintritt in die Geschlechtsreife unterziehen mußten, war diese Art Belehrung geradezu ein fester Bestandteil.[29] Heute fühlen sich die jungen Frauen in ihren kleinen Zweizimmer-Wohnungen oft alleingelassen, wenn sie in diese Konflikte hineingeraten und reagieren meist spontan und heftig mit Trennung oder mit Trennungsdrohung.

Wie oft habe ich einmal oder mehrfach Geschiedene Jahre danach nach den *wirklichen* Gründen ihrer Scheidung gefragt. Und wie oft erfuhr ich, daß sie solche Gründe nicht annähernd präzis angeben konnten. Sie sprachen vage von charakterlichen Unterschieden, von irgendwelchen Lieblosigkeiten und desgleichen, von banalen, in der Erinnerung längst verblaßten Dingen. Meistens erfahre ich aber, daß die Trennung faktisch eingeleitet wurde durch das Kind. Der Kontakt der Liebenden wurde unterbrochen oder abgebrochen durch die Existenz des Dritten, des Kindes. Die Beziehung der Liebenden wurde nicht erweitert, verstärkt, vertieft und beseelt, nein, sie wurde statt dessen geschwächt. Drei-Einheit, *Triangulierung,* will gelernt werden, mühsam gelernt. Und sie muß frühzeitig eingeübt werden, vom Kinde selbst schon, damit sie als eine Matrix in Fleisch und Blut übergeht, damit sie gelebt werden kann und widerstandsfähig ist.

Die Tendenz übrigens, der Impuls vieler junger Frauen, mit ihrem Kinde allein fertig werden zu wollen, den Vater als überflüssig zu empfinden (was immer auch gepaart ist mit Zorn gegen ihn) ist allerdings kein Novum unserer Zeit. Der Wunsch nach *Parthenogenese*, d. h. in Selbstbefruchtung ein Kind zu erlangen und aufzuziehen, ohne Mann, so wie es bei manchen sogar relativ entwickelten Tieren möglich ist, entspringt einem verdeckten, aber uralten und tief verschütteten Traum der Frauen.[30] Die exklusive Beziehung von Mutter und Kind ohne Mann, ohne Eros, als *archaische Mutterschaft*, ist als ein Urbild im Menschen verankert. Es begegnet uns in idealisierter Weise in den Madonnenbildern der großen Meister, und wir finden es in moderner Version wieder im entschiedenen Verlangen mancher lesbischer Frauen nach Laborbefruchtung. Vielleicht liegt ja hier eine kollektive Erinnerungsspur an jene Vorzeiten vor, da die Menschen sich der Zeugungszusammenhänge noch nicht bewußt waren, als die Frauen noch glaubten, von Tieren, von dem Wind, von Geistern, den Sonnenstrahlen oder eben aus sich selbst heraus, durch Parthenogenese, befruchtet zu werden.

6. Kapitel:

Egozentrik in der modernen Familie

„Der Soziologe Ulrich Beck hat die Grundmelodie, die durch
die Bindungen des modernen Menschen klimpert, auf den
Akkord der Individualisierung gebracht: ‚Ich und noch
mal ich und als Erfüllungsgehilfe du. Und wenn nicht
du, dann du.'"
Sabine Rückert

Und nun zum dritten Grund, weshalb es viele Paare in
die Scheidung treibt. Dieser dritte Grund klingt zumindest für Außenstehende nicht sehr überzeugend. Von
Scheidungswilligen wird er am häufigsten genannt, und
deshalb müssen wir darüber nachdenken. Viele verlangen nach Scheidung, weil sie meinen, sich in der Ehe
„nicht entfalten" zu können: „Ich kann meine alten
Freunde nicht mehr sehen". – „Er/ sie mag meine Familie nicht". – „Ich komme sexuell nicht auf meine Kosten". – „Ich kann mein Studium nicht beenden". – „Ich
kann nicht mehr lesen, singen, tanzen." Und so weiter
und so weiter. Abgesehen vom angeblichen Scheidungsgrund Nummer eins, dem Geld.[31]

Tausend Facetten tragen diese Klagen über die ver-
meintliche Einschränkung des Ichs, oder, deutlicher gesagt, des *Ego*. All diese Klagen und Beschwerden deuten
auf einen der wichtigsten Punkte beim Strukturwandel

der Elternschaft hin, wie er sich etwa seit 30 bis 40 Jahren bei uns und überall in der westlichen Welt durchsetzt: Nicht mehr das Wachstum und das Begehren und die Zukunft des Kindes stehen an erster Stelle, sondern die eigene persönliche Befindlichkeit, die Erfüllung des persönlichen Begehrens von Vater und Mutter. Und dieses eigene Begehren ist auf möglichst ununterbrochenes Glück gepolt, das in der Realität der Ehe so nicht einfach eingelöst werden kann.

Ehe ist nicht automatisch Glück. Ehe ist vielmehr ein Stück Gleichmaß, Rhythmus, wie die Natur selbst. Natur ist nicht glücklich, sie existiert einfach. Ehe ist Vertrauen, Zärtlichkeit, Sexualität und Zuverlässigkeit. Sie kann auch mal Chaos sein, in Form von Streit, Wut, Verrücktheiten. Aber das Chaos wird immer tendenziell wieder eingeholt und geglättet. Das ist der Nährboden, auf dem Kinder gut gedeihen.

Aber all diese Dinge, Vertrauen, Zärtlichkeit, auch Sexualität, existieren nicht immer gleichmäßig, sie kennen auch schwächere Zeiten, weniger glückvolle, weniger aufregende, weniger gute. Aber dies ist nicht mit Unglück, Hoffnungslosigkeit und Stillstand gleichzusetzen. Das Glück besteht vielmehr darin, daß die Ehe *trotz* dieser zeitweiligen Schwächung weiterbestehen kann und die Schwächung auffängt. Das Glück besteht für alle Betroffenen, und vor allem für die Kinder darin, zu erfahren, daß Krisen gemeinsam durchlebt werden und die *besseren Zeiten* mit Sicherheit folgen. So ist eine Mutter mit einem zeitweise kranken oder auch gestörten Kind weiß Gott nicht glücklich, aber meist ist sie gerade um dieses kranke Kind besonders bemüht und sie weiß, daß sie es in seiner Krankheit auffangen wird. Und dies gibt ihr die Hoffnung und die Kraft weiterzumachen. Bei der Klage, sich nicht entfalten zu können, rangiert immer das eigene Wohlbefinden, das Befragen des eigenen Ego höher als das Wohl des Kindes. Das Kind nämlich, wenn es zur Trennung und Scheidung kommt, wird so gut wie nie gefragt.

Es ist inzwischen statistisch zweifelsfrei belegt, daß Kinder aus geschiedenen Ehen selbst später eher zur Scheidung neigen als Kinder aus vollständigen Ehen.[32] Möglicherweise wurde bei diesen Erwachsenen, als sie damals selbst Scheidungskinder waren, so radikal über ihr eigenes kindliches Begehren hinweggegangen, daß sie jetzt im nachhinein glauben, ihr eigenes Glück ebenso entschieden nachholen, beziehungsweise einlösen zu müssen wie die eigenen Eltern. Genau wie diese es ihnen damals vorlebten und ganz nach dem überzeugenden elterlichen Motto: Wenn nicht jetzt, wann dann?

Die scheidungswilligen Paare, die selbst Kinder geschiedener Ehen waren, haben es niemals gelernt, getragen von zuverlässigen Eltern, langsam und allmählich Aufschub zu leisten und Verzicht zu üben. Sie haben bei den Eltern abgeguckt: Glück will ich jetzt, sofort, um jeden Preis. Und sie haben nicht erfahren, daß zeitweise schlechte Befindlichkeit, Aufschub und Verzicht durchaus zur Realität des Lebens dazugehören, dann aber auch vorübergehen und oftmals am Ende sogar belohnt werden. Sie haben statt dessen am eigenen Leibe erfahren, daß damals über ihre eigenen Köpfe hinweg rasche und abrupte Entscheidungen fielen. Die Eltern reichten

die Scheidung ein. Und dieser plötzliche, von oben er-
zwungene Verlust, das Verlieren des einen geliebten Elternteils, wurde nie aufgefangen, geschweige denn – wie
es manchmal im Märchen geschieht – belohnt.

7. Kapitel:

Vaterlosigkeit und Schmerz

„"Jetzt kann ich einen Hund haben' sagte der Sohn, als er von der Mutter vom Verschwinden des Vaters erfährt."
Judith Wallerstein

Sprechen wir von den fehlenden Vätern. Eine große Tageszeitung meldet: „Jedes fünfte Kind verliert nach der Trennung den Vater aus den Augen.".[33] Dies sind die Angaben über eine bestimmte Region in Kanada, eine gemischte Region von Stadt und Land, wobei ich davon ausgehe, daß diese Zahlen repräsentativ für viele Gemeinden in der westlichen Welt sind. Sie werfen ein deutliches Licht auf den familialen Strukturwandel, der das Familienleben heute prägt. Deutschland, Frankreich, Kanada, die Entwicklung geht, zumindest in den westlichen Industrienationen, überall in diese Richtung. Dieser Bericht vergleicht das Schicksal von Kindern aus verheirateten und dann geschiedenen Ehen mit dem Schicksal von Kindern aus sogenannten freien Beziehungen. Solche eheähnlichen, aber von vornherein als temporär gedachten Beziehungen sind vor allem in den USA und in Kanada extrem im Anwachsen.

Wie sieht nun die Trennung vom Vater aus? Die Statistik belegt: Kinder mit nicht verheirateten Eltern leben zu etwa 90 Prozent bei ihren Müttern. 20 Prozent von ihnen sehen niemals ihren Vater, 23 Prozent begegnen ihm sporadisch.[34] Die übrigen treffen ihren Vater regelmäßig alle ein oder zwei Wochen. Die Forscher gehen natürlich davon aus, daß ihre Aussagen zuverlässig sind. Wir haben jedoch bei Thierry erfahren, daß wir lieber vorsichtig sein sollten im Annehmen solcher Zahlen, daß sie wohl nicht *gelogen*, wohl aber *frisiert* sind.

Die kanadischen Wissenschaftler, die diese Zahlen zutage förderten, waren angeblich sehr überrascht über ihre Ergebnisse. Sie waren nämlich davon ausgegangen (oder darf man sagen, sie hatten heimlich gehofft?), daß sich die Väter in freien Verbindungen weniger traditionell, sondern eher partnerschaftlich unterstützend verhielten, daß sie generell fortschrittlich eingestellt und subjektiv besonders verantwortlich für ihre leiblichen Kinder seien. Nun waren sie enttäuscht, als sich herausstellte, daß es nur minimale Unterschiede zwischen den beiden Gruppen von Kindern gab. In geschiedenen Ehen leben nach dieser Statistik faktisch 87 Prozent bei den Müttern. Sogar bei vom Gericht festgesetztem geteilten Sorgerecht leben die Kinder doch in den allermeisten Fällen weiter bei der Mutter. Den einzig klaffenden Unterschied entdeckten die Forscher beim Zahlen von Unterhalt: Fast die Hälfte der Väter in freien Beziehungen hatten während der letzten sechs Monate vor der Befragung keinen einzigen Cent an ihre Kinder bezahlt, bei den ehemals verheirateten Vätern waren die Nichtzahler immerhin mit nur einem Viertel vertreten.[35]

Allein die genannte Quote von 20 Prozent Kindern, die ihren Vater ganz aus den Augen verlieren, ist alarmierend. Aber auch in jenen Fällen, wo die Kinder ihren

Vater nur unregelmäßig sehen, wo jedes Treffen eher ein Zufallsspiel ist, ist es für die Kinder dramatisch. Dramatisch deshalb, weil die Kinder keinerlei Sicherheit haben. Und sogar dort, wo die Kinder mit der Hoffnung leben, den Vater alle ein oder zwei Wochen besuchen zu dürfen oder ihn außerhalb der Wohnung irgendwo zu treffen, bedeutet dies in meinen Augen realer, schmerzhafter Verlust. Nebenbei bemerkt: „30 Prozent der Kinder von Geschiedenen waren nie in der neuen Wohnung des Vaters."[36]

Warum Verlust? All diese Väter sind aus dem *Alltag* der Kinder verschwunden. Dabei spielt sich doch das eigentliche Leben des Kindes im Hier und Jetzt ab. Hier, in der Regelmäßigkeit des Aufstehens, des Frühstükkens, des Schulwegs, der Schule sowieso, an den langen verträumten oder verspielten oder verzankten Nachmittagen, bei den immer wiederkehrenden Mahlzeiten und beim Schlafengehen und im Schlafe selbst: Hier spielt sich das Kinderleben ab und hier fehlen die Väter.

Die Erklärungen der Eltern, im Falle des regelmäßigen Besuchs doch weiterhin für die Kinder da zu sein, halte ich für eine Fiktion, für eine Schutzbehauptung. Ja, die Väter erscheinen und verschwinden und erscheinen wieder, aber sie sind nicht wirklich präsent im Leben des Kindes. Den Vater braucht das Kind nicht am Sonntagnachmittag alle zwei Wochen, wenn es sowieso viel lieber ins Schwimmbad gehen oder zuhause im Sandkasten spielen möchte. Den Vater braucht das Kind plötzlich, wenn es sich bedroht fühlt, wenn es dringende, existentiell nicht aufschiebbare Fragen hat: „Warum beißen Wölfe?" „Warum muß ich essen?" „Warum sterben wir?"

Diese Fragen kommen überraschend, gerade in dieser Nacht, beim Aufschrecken aus einem Traum, Dienstag früh, Samstag mittag. Diese Fragen überfallen das Kind irgendwann und immer plötzlich. Und es wäre irrwitzig anzunehmen, das kluge Kind redet sich gut zu: „In elf Tagen sehe ich Papa, dann werde ich ihn fragen, warum Wölfe beißen." Nein, die wirklich bedrängenden Fragen an den Vater stellt das Kind jetzt oder nie. „Ich vermisse meinen Vater", sagt ein 12jähriges Mädchen, deren Eltern ein Jahr zuvor geschieden wurden. „Ich habe ihn auch vor der Scheidung nicht oft gesehen, aber ich habe im Bett gehört, wie er nach Hause kam und die Treppe herauf kam. Nun ist es ganz komisch, ihn nicht mehr zu hören."[37]

Wenn die Eltern auseinandergehen, ist da ein großer, nicht begreifbarer Schmerz in den Kindern. Eine Mutter sagt: „Daß es so weh tut, habe ich nie geahnt." Kinder können die Gründe, weshalb sich die Eltern trennen, niemals wirklich nachvollziehen. Sie können nicht begreifen, daß Sich-zanken, Sich-auseinandersetzen identisch ist mit Trennung, mit Sich-nicht-mehr-ertragen-können.

Alle Kinder, sobald sie nur der Sprache mächtig sind, fragen die Eltern. Sie bohren mit Fragen, wollen Erklärungen erzwingen, und angesichts der kindlichen Fragen reagieren die trennungswilligen Eltern meistens hilflos. Scheidungswilligkeit ist immer identisch mit Scheidungswut. Woher sonst käme die Energie für diese Tat? Der andere *soll weg*, aus der Wohnung, aus den Augen, aus dem Sinn. Ich behaupte sogar und finde diesen Gedanken bei Theodor Reik bestätigt, daß viele Menschen ihren geschiedenen Ehepartner in Gedanken tot wünschen.[38] Der Tod des Ungeliebten wäre doch eine Erlösung aus dieser Trennungspein, die statt dessen so bitter durchlebt und durchkämpft werden muß und obendrein mit so vielen Kosten, realen und ideellen Kosten, verbunden ist. Aber dies gelangt nur selten über die Lippen, nur in Träumen darf der gehaßte Partner sterben.

8. Kapitel:

„Scheidung ist wie eine Amputation"

„,Es sind *meine* Kinder, Herr Palfy!' ,Meine *auch*', schreit er zurück.
Und während er sich nähert, erklärt er trocken: ,Ich werde die
Kinder halbieren! Mit der Säge! Ich kriege eine halbe Lotte
und von Luise eine Hälfte, und Sie auch, Frau Körner'."
Erich Kästner, Das doppelte Lottchen

Natürlich spürt das Kind diese Wut. Es spürt sie in seiner ganzen elementaren Wucht. Wie aber läßt sich diese verzweifelte Wut, diese fatale Kombination aus eigener Verzweiflung und Zorn auf den anderen, den Kindern vermitteln, geschweige denn *erklären?*[39] Kaum einem gelingt dies. Die meisten Scheidungseltern blocken ihre negativen Emotionen schon im Vorfeld mit rationalen, klugen Kopferklärungen ab: Die starrste und gleichzeitig häufigste Erklärung dabei lautet: „Das ist für uns alle am besten so!"

Dieser rein aus der Perspektive der Erwachsenen gesprochene Allerweltssatz wird so überzeugend vorgetragen, wirkt so entwaffnend und tötet alle gefährlichen Emotionen ab, daß das Kind ihn wie eine bittere Medizin tapfer schluckt und – zu seinem Unglück – auch verinnerlicht. Nun ist es sein eigener Satz und seine eigene Erklärung geworden. Es redet sich selbst gut zu, es macht sich selbst Mut: „Es ist am besten so für mich. Für

Mama und Papa auch." Und wenn die Kinder in der Schule Thierry und die anderen fragen, wo der Vater sei, hat er gleich diesen Satz parat: „Er ist weg. Das ist besser so für uns." Nicht nur Thierry. Ich habe schon Neunjährige so reden gehört: „Es ist für uns besser so."

Aber wer behauptet da, es sei besser so? Wer hat den Schmerz des Kindes während der Trennungswochen und -monate und in den Jahren danach ergründet, wirklich erforscht? Wer hat ihre Träume protokolliert? Wer hat ihre Tagebücher eingesehen, nachdem der Vater sein Zimmer leergeräumt hat und zu seiner neuen Freundin oder in ein leeres Appartement schräg gegenüber oder in einer anderen Stadt zog?

Der Schmerz der Kinder über das Zerrissene, das in ihren Augen zusammengehört, entgeht den meisten Erwachsenen. Wenn die scheidungswilligen Eltern diesen Schmerz wirklich erfühlen, nachvollziehen, innerlich mit-leiden würden, wären sie womöglich an ihrer Tat gehindert, so weh täte es ihnen. Um aber die Tat, also die so stark gewollte Scheidung doch durchzuziehen, wird der Schmerz der Kinder nicht gefühlt. Er wird draußen vor gelassen, *isoliert* wie es die Psychologen nennen, abgespalten. Es gibt viele Ausdrücke für diesen Vorgang, den Schmerz, den man eigentlich fühlen müßte, nicht in die eigene Seele eindringen zu lassen.

Wir kennen diesen Vorgang und es gibt ihn häufig und in vielen verschiedenen Erscheinungen. In seiner krassesten Form: Menschen werden gequält und gefoltert und die Täter und häufig auch die Zuschauenden *töten* eigene Schmerzgefühle, das echte Mit-Leiden, in sich ab. Sie erleben den Schmerz wie durch einen Schleier. Aber auch im Kleinen erleben wir es täglich: Eine Frau wird beleidigt, ein Schwarzer wird verhöhnt, wir schauen dezent weg. Ein Kind wird vor unseren Augen von seiner Mutter gezerrt oder geschlagen, wir sehen durch alles hindurch, als spürten wir nichts.

Alle Nuancen von Nicht-Wahrnehmen von Schmerz begleiten unser Leben. Wir sind Meister in dieser Übung. Das betrifft alle Lebewesen, nicht nur unsere Mitmenschen, es betrifft auch die Tiere: Wir fahren auf der Autobahn in die Ferien und überholen einen Laster mit schwitzenden Schweinen oder dürstenden Kühen auf dem Wege zum Schlachthof – wir schalten unsere Emotionen um und ab wie die Schaltungen beim Auto, wir beschleunigen leicht, überholen und spüren nichts.

Schmerz abwehren gehört zu unserem frühesten Verhaltensrepertoire.[40] Es gehört zu unserer Überlebensstrategie. Es gibt aber jene Formen, wo das Schmerzgefühl schon im *Vorfeld* abgeschnitten wird, bevor der Schmerz wirklich ausbricht und die Seele zu verwunden droht. Wir blocken ab, stellen uns taub und blind für den Schmerz der anderen und fühlen ihn nicht.

Dies ist überhaupt die verbreitetste Art von Scheidungseltern, mit dem Schmerz ihrer Kinder umzugehen. Sie beschwichtigen. Sie ersticken den Schmerz schon im Keim mit den Worten: „Das ist das beste für dich!" „Das ist gar nicht so schlimm!" und „Das ist alles bald vorbei!", oder „Das überstehen andere Kinder doch auch!". Sie erinnern an all die anderen Familien, wo es „auch gar nicht so schlimm war", wo es auch *vorüberging*. Auch hier leugnen sie meist das damit verbundene Leiden und verweisen auf die vermeintlich geglückten Lösungen.

57

Den Schmerz der Kinder nicht zulassen, ihn zu ersticken unter angeblich lauter rationalen, beschwichtigenden Erwachsenenfloskeln ist eine der großen Scheidungssünden der betroffenen Eltern. Nicht die Scheidung selbst ist Sünde. Aber die Kinder in dieser Situation nicht die ihnen gemäßen Gefühle leben zu lassen, hat zur Konsequenz, daß sie in ihrem späteren Leben immer dann, wenn sie mit Emotionen reagieren sollten – und das ist oft der Fall – auf ihre erlernten sprachlich-gedanklichen Formeln zurückfallen: Krieg, Quälerei, Angriffe von Menschen gegen andere Menschen: „Das ist nicht so schlimm, das geht vorüber."

„Ich hatte so Angst vor Scheidung. Ich dachte es sei wie Sterben."
8jähriges Mädchen, 6jährig bei der Scheidung der Eltern.
Prisca Gloor Maung

Dieses im privaten Raum Gelernte läßt sich übertragen auf Leidenserfahrungen verschiedenster Art. Hier kommen leicht Assoziationen aus der Zeit des Nationalsozialismus. Ich denke an Gespräche mit Holocaust-Überlebenden, in denen die Betroffenen immer wieder bohrend gefragt wurden, weshalb sie nicht schon früher emigriert seien, um dem allen zu entkommen. Und – noch bohrender – warum sie sich nicht gewehrt hätten gegen ihre Angreifer. Eine der Standardantworten, die von Überlebenden meist nur schamhaft vorgetragen werden, lautet: „Wir glaubten nicht, daß es so schlimm war. Wir dachten, es ginge bald vorüber." Ich habe Helen kennengelernt – und sie steht für so viele andere – Tochter deutscher Juden, die 1939 nach Kanada auswanderten. Die Eltern wanderten aus, die Großeltern dachten damals, wie Helen wörtlich sagt, „daß es doch nicht so schlimm sein könne." Und andere wieder, auch ihnen bin ich begegnet, erkannten schon 1933 die kommende Bedrohung durch Verfolgung und wurden, wenn sie ihre Wahrnehmung offen aussprachen, spöttisch ausgelacht.

Der Großteil der deutschen Juden, die blieben, die ausharrten, die nicht um Ausreise kämpften (wobei wir natürlich wissen, wie schwer die Ausreise selbst häufig zu erlangen war) dachten genau so wie Helens Großeltern. So beispielsweise Else Ury, die Autorin des beliebten Kinderbuch-Klassikers *Nesthäkchen*. Ähnlich war es auch bei Sigmund Freud, den man fast zwingen mußte zur Emigration. Seine vier Schwestern blieben in Österreich und wurden alle ermordet. Auch er, der ansonsten so tief Wissende, glaubte, daß *es* bald vorüberginge.

Kommen wir zurück zu den Scheidungsschmerzen und halten wir fest: Scheidungsschmerz, ganz gleich wie die Ehe vorher war, ist für das Kind realer, handfester, tiefer, zerreißender Schmerz. Es ist Zerstörung von Strukturen, es ist Teilung. „Scheidung ist wie eine Amputation. Man überlebt, aber man hat etwas verloren," sagt die kanadische Schriftstellerin Margaret Atwood.[41]

9. Kapitel:

Den Schmerz nicht fühlen

„Als Kind: meine Liebe äußerte sich als Angst."
Peter Handke

Ich möchte noch einmal dem Schmerz nachgehen. Ich möchte vor allem dem Phänomen nachgehen, daß und wie sehr Menschen in der Lage sind, sich gegen die Trauer der anderen abzuschotten, sich zuzumachen. Warum müssen sich Eltern während des eigenen Scheidungsgefechts gegen die Gefühle der Kinder verbarrikadieren?

Interessanterweise gibt es dieses Phänomen jedoch gar nicht nur in bezug auf den anderen. Es gibt ihn auch in bezug auf die eigene Person. Es gibt dieses Sich-Abschotten gegen den eigenen Schmerz, sowohl gegen den körperlichen als auch den seelischen, als notwendigen Schutzmechanismus. Immer wieder in der Geschichte der Menschen, in Zeiten der Not, aber teilweise auch im normalen Leben eines Stammes (etwa eines Nomaden-Stammes) bestand die nackte Notwendigkeit, Leben zu töten, um anderes Leben zu ermöglichen. Eine Nomadenfrau konnte nicht mehr als zwei Babys mit sich schleppen, und dies nur mit Mühe. Schon ein drittes Kind war lästig. Immer in der Geschichte der Menschheit wurden deshalb – legal oder illegal – Säuglinge getötet. An sich zärtliche, fürsorgliche und zuverlässige Mütter waren zu diesem Akt in der Lage, sofern die Tötung in dem von dem Stamm jeweils als *richtig* definierten Augenblick geschah. Dies war meist eine Zeitspanne von nur wenigen Tagen nach der Geburt. Die Mütter töteten, falls wir dem Urteil von Anthropologen glauben dürfen, ohne wahrnehmbaren Schmerz. Nach dieser Zeitspanne, wenn die Mutter stillte und eine liebende Beziehung zum Kind aufgenommen hatte, war der Tötungsakt weder möglich noch gestattet.[42]

Aber nehmen wir noch dazu ein Beispiel aus unseren Tagen. Manche Frauen, die sich heute zu einem Schwangerschaftsabbruch entschließen – ein Kardinalangriff auf Körper und Seele der Frau[43] – manche dieser Frauen lassen die Prozedur über sich ergehen, ohne Schmerz zu fühlen. Sie fühlen einfach *nichts*. Sie sind besessen nur von dem Gedanken: „Ich muß da hindurch, ich will es hinter mich bringen." Sie töten radikal ihren Schmerz ab, der aber dann häufig – denn so gut arbeitet die Verdrängung nicht – irgendwann später, oft Jahre danach, gewaltsam durchbricht.[44]

Schmerz läßt sich zeitweise „wegstecken", und dies ist ein immer wieder erstaunliches und manchmal überwältigendes Phänomen, sogar über extrem lange Zeitstrecken. Manche Holocaust-Überlebende konnten ihre Erinnerungen in ihrer ganzen Tiefe erst fünfzig Jahre danach richtig „fühlen", dann aber in ihrer ganzen Gewalt. Erst jetzt ist die Seele bereit, den Schmerz kommen zu lassen, ohne die Gefahr, daran zu zerbrechen.[45] Aber manche, auch dies dürfen wir nicht vergessen, zerbrechen sogar Jahrzehnte danach noch an ihrem damals erlittenen Schmerz: „Wer der Folter erlag, kann nicht mehr heimisch werden in der Welt," sagt Jean Améry .[46]

Wieder zurück zu unserem Thema: Ich behaupte, daß die Scheidungseltern aus den verschiedensten Gründen den Schmerz ihrer Kinder in seiner wahren Form nicht erfühlen. Deshalb ist es ihnen auch kaum möglich, die Folgen dieses Schmerzes zu ermessen. Obendrein sind viele Kinder ihrerseits so einfühlsam, so wachsam und bezogen auf die Stimmung von Vater und Mutter, daß sie eher die Eltern in ihrem Leid trösten als selber die eigene Hilfsbedürftigkeit zu bekunden.

10. Kapitel:

Toter oder geschiedener Vater?

„Manchmal wäre es einfacher, mein Vater wäre tot. Dann würde er nicht kommen, weil er nicht kann, und nicht, weil er nicht will."
10jähriger Junge, 5jährig bei der Scheidung seiner Eltern.
Prisca Gloor Maung

Nur wenige Wochen nach dem Tode meines Mannes, dem Vater meiner Kinder, wurde ich Zeuge eines Gesprächs zwischen meinen beiden jüngeren Kindern. Der neunjährige Bruder fragte seine um zwei Jahre jüngere Schwester: „Was magst du eigentlich lieber, einen toten Vater oder einen geschiedenen?" Meine Tochter hatte sofort eine Antwort parat, so als hätte sie nur auf diese Frage gewartet: „Einen geschiedenen!" Auf die Frage nach dem Grund dafür sagte sie: „Dann habe ich wenigstens einen lebendigen." Der Bruder war da entschieden anderer Meinung: „Ich habe lieber einen toten, dann weiß ich, daß der mich nicht verlassen wollte."

Als ich dieses Gespräch atemlos und still verfolgte, hatte ich sofort das Gefühl, daß mein Sohn diese Frage, für die er eine so eindeutige Antwort hatte, vor allem deshalb gestellt hatte, um sich selbst angesichts der Ungeheuerlichkeit seiner eigenen Phantasien zu entlasten. Er entschied sich für den toten Vater. Nicht weil er seinen Vater tot wünschte, sondern weil er einen toten, wegen Krankheit, also aus Schicksalsgründen gestorbenen Vater einem Vater vorzog, der ihn willentlich verläßt. Natürlich verläßt der Vater in erster Linie die Frau, die Mutter. Aber das Kind bezieht alles Tun, auch und vor allem das Verlassen, einzig auf sich selbst.

Das Kind besitzt nämlich, wie es in der Sprache der Psychologie heißt, ein *egozentrisches Weltbild*. Dies ist durchaus nicht zu verwechseln mit *egoistisch*, obgleich beides manchmal zusammenfallen kann. In seiner *Egozentrik* glaubt das Kind – und je jünger es ist, desto mehr – daß es selbst der Mittelpunkt des Weltgeschehens sei. Die Zeit beginnt mit ihm selbst, mit seiner Geburt. Sonne und Mond, Sterne und Wolken kreisen nur um es selbst. Alle Menschen dienen nur ihm selbst. Wenn es regnet, regnet es für *es*, für das Kind selbst. Wenn ein Stein fällt, fällt er für *es*, und wenn der Vater weggeht, dann geht er *seinetwillen*.[47] „Warum will er von mir weg?" fragt das Kind. „Warum mag er mich nicht mehr?" „Was habe ich falsch gemacht, daß er von mir weg will?"

Eine Frau wurde als zweijähriges Kind von seiner Mutter, die damals eine Ausbildung beginnen wollte, beim Vater zurückgelassen. Noch als Erwachsene erinnert sie sich an die frühkindlichen Phantasien, die während jener Zeit in ihr lebten, ohne daß sie sie damals in Sprache bringen konnte: „Alle kennen mütterliche Liebe, daß eine Mutter da sein sollte für ihre Kinder. Während ich aufwuchs, dachte ich, daß es mein Fehler gewesen sein muß, daß meine Mutter eine solche unnatürliche Tat begangen hatte. Welches furchtbare Verbrechen konnte ich nur vor meinem zweiten Geburtstag begangen haben? Und wie konnte ich sie wieder zurück-gewinnen?"[48]

Die Erwachsenen-Erklärungen, daß das Kind gar nicht gemeint sei, sowie die Beteuerung, daß der weggehende Vater das Kind, im Gegensatz zur Mutter, ganz besonders liebe, irritiert das Kind. Aber wie die vielen anderen schluckt es auch diese Erklärung: „Tapfer runterschluk-ken! Nicht merken! Nicht fühlen!" Insgeheim aber, wenn es nachts allein im Bett liegt, fragt es sich: „Was ist das für eine Liebe, wo der eine vom andern einfach weg-geht?"

Mein Sohn wächst zwar, wie so viele andere Kinder, die den Vater durch Krankheit oder Unfall verloren ha-ben, vaterlos auf. Gleichwohl trägt er für den Rest seines Lebens ein Vaterbild in sich, das von der Sicherheit erfüllt ist: „Mein Vater wollte mich nicht verlassen, er hätte mich nie freiwillig verlassen." Kinder, die dieses Vaterbild in sich tragen, neigen möglicherweise dazu, im nachhinein den Vater ein Stück weit zu idealisieren, aber dies tut nichts zur Sache. Wichtig in diesem Zu-sammenhang ist allein die Frage: Steht der Vater zu mir? *Will* er bei mir bleiben oder will er nicht bei mir bleiben? Entscheidet er sich *für* oder *gegen* mich? Einer der Grundimpulse des Kindes und wohl eines jeden Men-schen liegt in dem Wunsch, nicht verraten, nicht abge-lehnt, nicht verlassen zu werden.[49] Und die schmerz-lichste aller Klagen waren Jesu Worte am Kreuz „Mein Gott, mein Gott, warum hast Du mich verlassen?"

Die Antwort meiner Tochter hingegen – sie war da-mals sieben und sie lebte nur voller Sehnsucht nach einem lebendigen Papa, der ihr weiter Geschichten er-

zählte – ihre Antwort war aus ihrer Sicht genauso überzeugend. Sie hat sich damals gedanklich nie mit Scheidung auseinandergesetzt, sie wußte nur, daß dann der
Papa *nicht* tot war, sondern irgendwo lebte. Sie wußte
nicht – wie konnte sie auch – daß in den meisten Fällen
der geschiedene Vater, besonders wenn er jung ist, eine
neue Frau findet. (Bei Thierry wurde sie liebevoll ver-
klärend die *Braut* genannt.) Sie konnte nicht ahnen, daß
der Vater dann andere Kinder hat, Stiefkinder oder neue
eigene, leibliche Kinder. Sie hatte keine Vorstellung von
der Kompliziertheit der neuen familialen Gefüge. Stief-
schwestern und -brüder, Halbstiefschwestern und -brü-
der waren ihr unbekannt. Für manche dieser neuen ver-
wandtschaftlichen Beziehungen haben nicht einmal die
Erwachsenen einen Namen. Sie begriff zwar, daß der geschiedene Vater nun keine Nachtgeschichten mehr erzählen würde – aber dafür *lebte* er!

Jedes der Kinder hatte seine eigene Wahrheit, seine für
es selbst überzeugende Antwort. In Respekt vor der jeweils anderen Überzeugung versuchte keines den anderen in seine Wahrheit hineinzuziehen.

11. Kapitel:

„It's a sad place inside me"

„Keinen Vater zu haben ist so, als ob man kein Rückgrat hat."
Guy Corneau

Wenn Kinder von ihren Vätern sprechen, reden sie in den seltensten Fällen über deren Wesen und Verhalten, auch selten über deren Aussehen. Aber sie reden so gut wie immer über die Tätigkeiten, über die Arbeit des Vaters und über das, was sie gemeinsam mit ihm getan haben. „Mein Vater ist Möbeltransporteur und ich helfe ihm Möbel tragen." „Mein Vater ist bei der Bahn und nimmt mich oft mit." „Ich habe das von meinem Papa gelernt." Und die Kinder sind stolz über die Arbeit des Vaters, über das, was er tut. Gute Filmemacher wissen dies. Mir kommt eine Szene aus *Central do Brasil* in den Sinn, dem Film des Brasilianers Walter Salles. Inhalt des Films ist die Suche des Knaben Josué nach seinem verschollenen Vater. Josué hat ein Foto seines Vaters, aber immer wenn er an ihn denkt, kreisen diese Gedanken vor allem um dessen Handwerk als Schreiner: Werkzeug, die Werkstatt, die vom Vater gedrechselten Teile. Am Ende der Odyssee des Kindes liegt der Junge nicht in den Armen des Vaters – der Vater ist wirklich weg – aber er steht gemeinsam mit seinen Brüdern an der väterlichen Werkbank, Symbol der väterlichen Existenz und Symbol von Zukunft. Hier ist sein Platz. Hier *ist* sein Vater.

In der Zeitschrift *LIFE* lese ich die Lebensgeschichte von Steven Spielberg. Spielberg sagt: „Die zwei Verbindungen, die ich mit meinem Vater hatte, waren der zweite Weltkrieg und die Pfadfinder. Ich war vollkommen identifiziert mit meines Vaters Geschichten aus dem zweiten Weltkrieg. Schon als Jugendlicher konnte ich verstehen und wertschätzen, warum mein Vater zu dieser politischen Gruppe gehörte und für sie gekämpft hatte. Und die Pfadfinder: Bei all seiner beruflich bedingten Abwesenheit hatte er es noch nie versäumt, zu den großen Nachtlagern zu kommen, die wir Wochenends hatten. Und ich glaube, das waren überhaupt die glücklichsten Momente meiner Kindheit, wenn ich meinen Vater bei diesen Lagern bei mir hatte."[50]

Kinder, vor allem Jungen brauchen den Vater zum Großwerden. Beide Geschlechter sind in ihrer frühen Lebensphase mit der Mutter identifiziert, mit dem mütterlichen Geschlecht und allem was sie gewährt, Wärme, Liebe und Nahrung. Die Mädchen wachsen dann im Normalfall gleichsam biologisch durch ihre Menstruation in die eigene Frauen- und Mutterrolle hinein, wobei ich bewußt die vielen hier denkbaren Probleme und Störungen ausklammere.[51] Der Junge hingegen muß sich aus der Identifizierung mit der Mutter lösen. Dies ist ein Vorgang, der keineswegs zwangsläufig von selbst eintritt, sondern der die aktive, dauernde Auseinandersetzung mit dem Vater verlangt. Dieser Prozeß beginnt früh. Er setzt ein mit männlichen Spielen, setzt sich fort in dem jahrelangen Nachahmen des väterlichen Verhaltens und findet schließlich seinen Höhepunkt in der Pubertät, wenn der Übergang in die Rolle des Mannes vollzogen werden muß.

Überall und immer in der Geschichte der Menschheit wurde dieser Übergang in Form der *Initiation* als ein ganz besonderes Ereignis im Leben des Knaben zelebriert. Das Hauptziel dabei war und ist immer das Brechen der mütterlichen Identifikation. Das Wort *brechen* verweist darauf, daß es kein sanfter Vorgang ist, sondern ein schmerzhafter Akt. Dabei stehen der körperliche Schmerz, die künstlich zugefügten Wunden, in Analogie zu dem seelischen Schmerz über die Trennung vom mütterlichen Bereich. Dieser Akt der Initiation, nach James Georg Frazer „*das* zentrale Ereignis der Menschwerdung" ist gleichsam der Höhepunkt eines an sich lang andauernden Prozesses.[52] Mit dieser Zeremonie *bricht* die weibliche Identifikation des Jungen. Aber gleichzeitig und parallel dazu wächst und erstarkt seine männliche Identität durch die ständige Rückversicherung des Knaben durch den Vater selbst: Der Junge muß sich spiegeln im Vater, ganz so wie sich der Säugling in der Mutter spiegeln muß. Und hierfür ist nur eines unerläßlich, nämlich, daß der Vater *da* ist, daß er *präsent* ist.

Steven Spielbergs Eltern wurden geschieden, als Steven 16 Jahre alt war. Genau in einem Alter, wo der Jugendliche an seiner Identität, vor allem an seiner geschlechtlichen Identität, schmiedet. Spielberg reagierte damals in typischer Weise: Er fiel zurück in seine Mutterbindung, klammerte sich an sie. Er ergriff Partei gegen den Vater, den er ab jetzt nicht mehr sehen wollte, beziehungsweise nicht mehr sehen *konnte* in seiner Verzweif-

69

lung. Der Vater wurde für ihn zum Verräter, zum Feind. Dies dauerte über 15 Jahre. Er selbst, Steven Spielberg, wiederholte, *reinszenierte* das elterliche Trauma: Auch er ließ sich bald von seiner Frau scheiden. Auch er verließ seinen kleinen Sohn, Max. Und auch er heiratete dann, genau wie sein Vater, ein zweites Mal. Spielberg sagt in dem schon erwähnten Interview, daß die stärkste Energie zum Filmemachen ihre Quelle in seiner Vatersehnsucht habe.[53]

Ich bin überzeugt von der Notwendigkeit der Präsenz des Vaters, seiner regelmäßigen, physischen Anwesenheit. Ich weiß, daß ich mit dieser Position auf viel Widerstand treffe. Man zitiert mir all die schwachen, unfähigen, untreuen und nicht-sorgenden Väter der Welt, um die Trennung zu erklären und zu rechtfertigen. Aber abgesehen von den Fällen, wo es sich um einen hoffnungslosen Säufer oder schwer destruktiven Menschen handelt, bin ich auch hier der Meinung, daß der Vater (wie Winnicott es für die Mutter forderte) nicht perfekt, sondern nur *gut genug* sein sollte. Natürlich gibt es, genau wie bei den Müttern, auch bei Vätern manchmal Krankheit, geistige Störungen, leichtere und schwerere Neurosen. Aber dies alles ist per se noch kein Scheidungsgrund. Kindern, die vorübergehend körperlich oder seelisch erkranken – und deren Zahl ist im Zunehmen begriffen – werden alle nur möglichen Hilfen gewährt. Man trennt sich nicht von ihnen, sondern im Gegenteil schenkt man ihnen besondere Aufmerksamkeit und Liebe. Nur die allerwenigsten lassen diese Kinder fallen und trennen sich von ihnen. Nein, Krisen, neurotische Erkrankungen, Störungen im Lebenslauf sind kein

Grund, die Ehe zu trennen und die Kinder vaterlos werden zu lassen.

Kinder haben ein ungemein sensibles Gespür für Übertragbarkeiten. Was dem Vater geschieht – nämlich weggeschickt, rausgeschmissen zu werden aus dem Familienverband – das kann genau so mir selbst widerfahren. Aus genau so unerklärlichen Gründen, wie der Vater plötzlich sein Zuhause verläßt und in sein kleines Appartement in der anderen Stadt einzieht, aus genau so unerklärlichen Gründen kann ich vielleicht selbst aus der Familie verstoßen werden. Diese Angst – ich möchte hier die Sprache der Märchen übernehmen – diese Angst, *ausgesetzt* zu werden, schlummert in den tiefsten Schichten aller Kinder. Es handelt sich um ein Relikt aus uralten Zeiten, als die Lebensumstände, beispielsweise das Nomadenleben mancher Stämme, aber auch wiederkehrende Hungersnöte oder Kälteeinbrüche, die Familien immer wieder zwangen, sich überzähliger Kinder zu entledigen, entweder um sich selbst oder um die Restkinderschar durchzubringen. Wir alle kennen dieses Motiv aus *Hänsel und Gretel*, und die besondere Liebe, die die meisten von uns mit diesem Märchen verbindet, rührt wohl daher, der drohenden Gefahr, der wirklichen, tödlichen Aussetzung, doch noch entronnen zu sein. Auch in den religiösen Überlieferungen begegnet uns das Motiv des Aussetzens oder Verkaufens des Kindes häufig, und es gibt kaum andere Stellen der Bibel, die das Kind so tief bewegen wie etwa die Aussetzung des Moses-Kindes in seinem Körbchen oder wie das Verkaufen des Bruders Joseph an die vorbeifahrenden Kaufleute aus Ägypten. Jedes Kind weiß instinktiv und aus innerster, ihm selbst kaum bewußter Überzeugung, daß es selbst das Kind Mose hätte sein können.[54]

Der Vater gibt das Rückgrat beiden: Jungen und Mädchen. Die Mutter nimmt, so jedenfalls im Idealfall, das Kind bedingungslos an, sie gewährt bedingungslos. Der Vater setzt den Maßstab dieser Welt: Moral und Vertragsehrlichkeit. „Le non du père" – das Nein des Vaters, wie es Jacques Lacan nennt, die Abgrenzung in Zeit und Raum, liegen beim Vater. Der Begriff „Rückgrat" bezeichnet etwas Körperliches, obwohl wir alle den symbolischen Sinn verstehen. In unserem Zusammenhang ist aber gerade das Körperliche das entscheidend wichtige. „Keinen Vater zu haben ist so, als habe man kein Rückgrat."[55]

Kinder brauchen den Vater *körperlich.* Bis vor wenigen Jahrzehnten galt als fast unumstößliches Gesetz in den herkömmlichen Familientheorien, vor allem durch René Spitz und John Bowlby begründet, daß in den ersten zwei, drei Lebensjahren vor allem die Mutter oder eine mütterliche Ersatzperson von zentraler Wichtigkeit sei, die Funktion und Wichtigkeit des Vaters sich erst in den Jahren danach voll entfalte.[56] Nun hat es in jüngster Zeit Forschungen gegeben, die diese traditionelle Auffassung ins Wanken bringen, ja wiederlegen. Besonders amerikanische Untersuchungen belegen eindrucksvoll die Notwendigkeit der *frühen* Präsenz des Vaters gerade in den ersten Monaten und Jahren.[57] Diese Studien bringen den Beweis, daß Kinder, die ohne Vater aufwachsen, auf allen Ebenen, im sozialen, sexuellen, moralischen und kognitiven Bereich, Mangel leiden, wobei sie sich aber insbesondere auf den einen wichtigsten Aspekt konzentrieren: Diese Kinder (es geht in diesem Fall vor allem um Jungen – über Mädchen sprechen wir im nächsten Kapitel), diese Jungen ohne Vater haben, verglichen mit Kindern mit Vätern, strukturell weniger Selbstbewußtsein.

Dies ist starker Tobak. Der kanadische Autor Guy Corneau schließt aus diesen Untersuchungen: „Eine der wichtigsten Folgen der Abwesenheit des Vaters ist, daß seine Söhne ihrer Körper beraubt sind. Da der Körper die Basis jeder Identität ist, muß die Identitätsbildung mit dem Körper beginnen. Die Identität des Sohnes wurzelt im Körper des Vaters."[58] Kein anderer Autor – außer dem Amerikaner Mark Bryan – hat so mutige Aussagen über den Vaterverlust bei Söhnen gemacht wie Corneau.

> *„Jeden Morgen ging mein Vater, der König mit mir in den Rosengarten. Er zeigte mir, wo die Vögel ihre Nester gebaut haben und sah sich unsere Hütte an und lehrte mich, wie ich auf Miramis reiten sollte und sprach mit mir über alles."*
>
> Astrid Lindgren, Mio, mein Mio.

Der Verlust, bzw. der Mangel an Rückgrat ist substantiell: „Ein Individuum mit einem negativen Vaterkomplex fühlt sich nicht von innen heraus strukturiert. Es fühlt sich verwirrt; es fällt ihm schwer, sich Ziele zu setzen, zu wählen, zu entscheiden."[59] All seine Aktivität wird dahin gerichtet sein, ein nicht vorhandenes Selbstwertgefühl und Rückgrat zur Schau zu stellen, sei es im Alkohol, sei es durch sexuelle Eroberungen, sei es durch Bodybuilding. Viele versuchen sich auch „dadurch zu strukturieren, daß sie sich Gangs zugesellen, die grundsätzlich faschistisch sind."[60]

Und Corneau resümiert: „Durch diese äußere Kompensation versuchen die verlorenen Söhne ihre Sehnsucht nach Liebe und Verständnis, ihr Verlangen danach, berührt zu werden, ihr Bedürfnis zu lieben und geliebt zu werden, zu betäuben. Es fällt ihnen schwer, sich dieses Gefühl einzugestehen, weil sie sich dann verwundbar vorkommen. Die Signatur eines fehlenden Vaters ist die zerbrechliche männliche Identität ihrer Söhne."[61]

Söhne können diesen Mangel schwer in Sprache bringen. Wie sollten sie etwas benennen können, was sie nicht wirklich kennen. Sie kennen vielleicht das Gefühl undefinierbarer Traurigkeit, das mit der Nicht-Existenz des Vaters verbunden ist: Der ansonsten durchaus eloquente amerikanische Präsident Bill Clinton, dessen Vater drei Monate vor der Geburt tödlich verunglückte, drückt es so aus: „Mir fehlte der Vater. Wirklich, ich vermißte ihn sehr." Und er fügt hinzu: „It's a sad place inside me."[62]

12. Kapitel:

Mädchen und ihre Väter

„Ich glaube, ich habe keinen Menschen mehr geliebt als meinen Vater."

Astrid Lindgren

Natürlich brauchen Mädchen genauso den Vater, beziehungsweise: sie brauchen ihn *anders* als Jungen. Mädchen brauchen ihren Vater, um das zu werden, was sie werden sollen und wollen, nämlich eine Frau. Das kleine Mädchen braucht die Identifizierung mit der Mutter, es ahmt diese nach, probiert ihre Kleider, ihren Lippenstift, stöckelt auf ihren Schuhen, aber es braucht ebenso notwendig die Nähe des anderen Geschlechts, dieses von früh an Erfahren, Erproben und Einüben des *anderen*: Wie fühlt sich ein Mann an? Wie lebt es sich mit dem Mann? Wie nehme ich ihn wahr? Wie nimmt er mich wahr? Durch sein Wahrnehmen erlebt sich das Mädchen in der Welt.

Der Vater ist das erste männliche Liebesobjekt des kleinen Mädchens. An ihm lernt es fast alles, was es über Liebe lernen muß. Denn auch Liebe muß, wie das allermeiste im Leben, gelernt werden. Das Repertoire an Liebesmöglichkeiten, an Liebesausdrucksweisen, an Zärtlichkeit, wird in den ersten fünf bis sieben Jahren angelegt, um dann nach der Pubertät, wenn es für die eigentliche Geschlechtsliebe gebraucht wird, nur abgerufen zu werden.

In jüngster Zeit wurden stärker als je bisher die in diesem Körperaustausch schlummernden Gefahren, die möglichen Grenzüberschreitungen, bis hin zum Inzest aufgezeigt. Alle möglichen Irritationen und Traumatisierungen beim Erlernen der Geschlechterrolle werden heftig diskutiert. All dies ist mir bekannt und bewußt, und ich möchte weder beschönigen noch beschwichtigen. Nur klammere ich diese Variationen von wirklichen traumatisierenden Übergriffen hier bewußt aus, um mich auf das Wesentliche in diesem Zusammenhang, auf die Grundstruktur zwischen Tochter und Vater zu konzentrieren.

In Parenthese: Ich traue mir auch deshalb hier kein Urteil über wirkliches Ausmaß väterlicher sexueller Übergriffe zu, weil die Manifestationen von Zärtlichkeit und Liebe so weit gestreut sind. Auch handelt es sich hier um einen Bereich, wo Phantasien und Realität extrem vermischt sind. Nicht nur Väter kuscheln gern mit ihren kleinen Töchtern, sondern umgekehrt auch die Töchter mit den Vätern. Die Töchter können sich dies nicht *erzwingen*, wohl aber manchmal *erschleichen*: „Manchmal legte sich mein Vater nach dem Mittagessen hin. Wenn er schnarchte, habe ich mich ganz dicht an ihn gekuschelt, damit ich ihm nah sein konnte – und habe gehofft, daß er nicht so schnell aufwacht. Mir war diese Körperlichkeit wichtig."[63]

So wie der Sohn den Vater als Spiegelung benötigt, braucht die Tochter den Vater als Bewunderer, als Verstärker, als denjenigen, der sie als Mädchen und heranwachsende Frau voll annimmt und in ihrem Wachstum begleitet: „Ja, Du bist ein schönes Mädchen, Du bist so schön wie Deine Mutter. Deshalb habe ich sie damals gewählt". Dies ist der Grundtenor der väterlichen Stimme, an dem das Mädchen gut gedeihen kann. Du *bist* nicht die Mutter, dies darf nicht verwechselt werden, so wie es manchmal in den Märchen geschieht. Du bist *wie* deine Mutter.

Viele junge Frauen können, wenn sie in festen Partnerschaften leben oder verheiratet sind, die sprachlichen und körperlichen Zuwendungen ihrer Männer nur schwer annehmen, weil sie sie nicht als real, nicht als wirklich ihnen geltend empfinden. Hier kommt es zu einer Unzahl von Mißverständnissen. Körperliche Annäherung wird als Übergriff mißinterpretiert, fehlende Annäherung als Lieblosigkeit. Junge Frauen fühlen sich regelrecht unvertraut, nicht eingeübt in den von ihren Männern empfangenen Signalen – weil sie sie als kleine Mädchen nicht lernen konnten.

Nancy Friday schreibt in ihrem Buch: „Die Macht der Schönheit": „Solange ich denken kann, habe ich die Augen der Männer gesucht, nach ihrem Rückblick verlangt. Nichts macht eine Frau süchtiger nach dem liebenden Blick eines Mannes als das Geheimnis eines abwesenden Vaters. Ich habe meinen Vater mein ganzes Leben lang vermißt. Eine Leere, die, wenn ich nicht Schriftstellerin geworden wäre, hinter den Barrieren der Verdrängung verborgen geblieben wäre. Ich wuchs auf, ohne mich in seinen Augen widergespiegelt zu sehen, ohne seinen Eindruck von meiner Gestalt und meinem Gesicht zu empfangen, von meinem Intellekt, meiner Sexualität, von allem. Vielleicht war er ein kalter Mann, ein Mensch, der keine Kinder mochte, aber das werde ich nie erfahren. Da ich keine Anhaltspunkte hatte, nichts über ihn wußte, habe ich ihn zeit meines Lebens idealisiert. Ich wäre ein anderer Mensch, wenn es in meiner Kindheit einen Vater gegeben hätte."[64]

Für dieses Lernen ist aber nicht nur die Präsenz des Vaters wichtig, sondern wiederum ebenso sehr auch die gleichzeitige Gegenwart der Mutter. Das Mädchen lernt nämlich seine Geschlechtsrolle am nachhaltigsten und tiefsten durch die Identifikation mit dem Erosbereich des Weiblichen, den seine Mutter ihm vorlebt. „Wenn die Mutter keine Bezogenheit auf den Mann hat, kann sich die Tochter auch nicht mit den auf den Mann bezogenen Zügen der Mutter identifizieren", ein Defizit, das sich mitunter als mangelhaft entwickelte Weiblichkeit von Generation zu Generation schleppt.[65]

In diesem Zusammenhang möchte ich noch ein anderes Problem für die ohne Vater heranwachsenden Mädchen ansprechen, ein Problem, das mir bisher in der wissenschaftlichen Forschung nicht begegnet ist, häufig aber in der Lebenswirklichkeit. Wenn Mütter nach einer Scheidung das zweite (oder vielleicht auch das dritte) Mal heiraten, befinden sich viele Töchter im Pubertätsalter, elf, zwölf Jahre und aufwärts. In diesem Alter stehen die Konflikte um das Hineinwachsen in die weibliche Geschlechtsrolle, um das Erlangen einer weiblichen Identität voll im Mittelpunkt. Sie beanspruchen die gesamte Energie des Mädchens und erfüllen seine Phantasien, und wir alle wissen, wie gefährdet, wie fragil das Gleichgewicht der Mädchen in diesem Alter ist.[66]

Im glücklichen Fall steht die Mutter dem Mädchen mit ihrer Erfahrung und ihrer Gelassenheit in dieser Zeit zur Verfügung. Sie ermutigt das Mädchen. Sie kauft mit ihm zusammen den ersten BH und schöne Kleider und sie erklärt ihm alles über Empfängnisverhütung. Lebt die Mutter aber selbst frisch verliebt in einer neuen Partnerschaft, läßt sie der Tochter meist keinen Raum für deren sexuelles Wachstum. 35jährige, 40- und 50jährige Mütter, verjüngt in ihrer erotischen Zweit- oder Drittblüte, konkurrieren dann häufig mit ihren heranwachsenden Töchtern. Sie kaufen rote Dessous für sich selbst und planen die eigene Empfängnisverhütung neu und sind damit mehr als ausgefüllt. Die Töchter reagieren meist mit Rückzug, entschieden, zornig und oft depressiv. Die Frage der Königin in *Schneewittchen*: „Wer ist die Schönste im ganzen Land?" muß zwar im wirklichen Leben nicht tödlich für das Mädchen sein, aber für viele pubertierende Mädchen führt sie zu ernstzunehmenden und bisweilen tragischen Folgen.

13. Kapitel:

Die Sehnsucht des Kindes nach dem Vater

„Es scheint mir wie ein Gesetz, daß kein Mensch über seine
Herkunft betrogen werden kann. Ungewißheit und eine tiefe
Ahnung nagen solange an ihm, bis er sich auf die Suche begibt."
Horst Petri

Falls das Verhältnis zwischen dem Kind und seinem Vater nicht völlig kaputt oder vergiftet ist, müssen wir davon ausgehen, daß jedes Kind nach seinem weggegangenen Vater fragt und ihn zurückbegehrt. Es folgt damit nicht einmal seinem Verstand, sondern einem *Urtrieb*: „Kinder sind ausgestattet mit dem starken Urtrieb – der wahrscheinlich evolutionär sinnvoll war – die Eltern zusammenhalten zu wollen, unter fast allen Umständen. In der Geschichte der Menschheit diente dieser Trieb wahrscheinlich der Selbsterhaltung, denn die Chancen eines Kindes, in einer gefährlichen Welt zu überleben, waren größer, wenn es zwei Erwachsene hatte, die sich verbindlich kümmerten. Auch heute, wo kein Bison mehr erlegt werden muß und keine Wölfe uns jagen, liegen Kinder mit diesem Instinkt nicht falsch. Auch heute noch trifft ihre instinktive evolutionäre Erkenntnis zu: daß ihre Chancen in unserer Welt größer sind, wenn sich zwei Erwachsene verbindlich für ihr Wohl einsetzen. Kinder sind in Familienfragen erz- und urkonservativ.

Ihre Eltern sollten sich vertragen, nicht streiten und unbedingt zusammenbleiben. Und wenn sie sich nicht vertragen und dauern streiten, dann sollten sie bitte trotzdem zusammenbleiben."[67]

Und sogar in den Fällen eines angeblich vergifteten Verhältnisses zwischen Kind und seinem Vater sollte man grundsätzlich näher anschauen, was sich hinter dieser Mauer von Aggression und gegenseitigen Vorwürfen verbirgt. In den meisten Fällen wird man dahinter eine verzweifelte Enttäuschung und Wut über die immer wieder mißlungenen Kontaktversuche entdecken. Häufig ist auch die Mutter im Spiel, die in ihrer negativen Bindung an den Mann nicht loslassen kann und nicht aufhört, das Feuer des Hasses zu schüren. „Oftmals wissen Frauen nichts über ihre unterschwelligen Gefühle, die sie für den Vater ihrer Kinder hegen. Möglicherweise sind sie ein Schutzschild für den Herzensbruch der Scheidung oder sie sind eine aufgestaute Wut über vergangene Fehler des Vaters. Was auch immer die Gründe sein mögen, Frauen bemerken nicht, wie sie den Vater ihrer Kinder in Wort und Tat schlechtmachen."[68]

Die Sehnsucht des Kindes nach seinem Vater ist allerdings äußerst schwer mit den Mitteln der Sprache auszudrücken. Welches Mädchen, vor allem welcher kleine oder größere Junge gesteht schon vor sich selbst und den anderen ein, daß ihm etwas Substantielles fehlt, daß er heimlich trauert, zumal wenn das Leben äußerlich intakt ist, es ihm an nichts fehlt und die Mutter ihm fortdauernd beteuert, wie viel leichter und schöner das Leben ohne den Vater ist. „Mein Vater interessiert mich nicht mehr", sagt ein 14jähriges Mädchen auf dem Pausenhof zu seiner Freundin. Seit zwei Jahren hat sie ihn nicht mehr gesehen. Im Geschichtsunterricht, am selben Vormittag, fragt das Mädchen die Lehrerin: „Ich möchte einmal richtig meinen Stammbaum malen. Wie geht das eigentlich?"

Dies aber ist das wirklich Traurige im Zusammenhang mit der Vatersehnsucht. Das Kind kann sie nicht mit der Mutter teilen und darf sie möglichst nicht äußern. Nur Geschwister und engste Freunde erfahren vielleicht davon. Das Kind wird sich nämlich, wenn es etwa klagend seinen Vater herbeisehnt, in heftigen Konflikt mit der Mutter begeben. Sie ist doch gerade dabei, den Beweis zu bringen, daß der leibliche Vater tatsächlich ein Schwächling und Versager ist und daß der neue, charmante Freund und Liebhaber eine viel bessere Hand in allen familiären Angelegenheiten – einschließlich der Kindererziehung – habe.

Das Kind bleibt also allein in seiner Sehnsucht nach dem Vater. Wäre er gestorben, so könnte sich das Kind jederzeit mit seiner Mutter in gemeinsamer Klage verbünden. Es könnte mit der Mutter zum Friedhof gehen und in Ritualen seine Trauer ausleben. Es könnte den Vater wieder auferstehen lassen in Gesprächen, in Fotoalben und sogar im Lachen über dessen komische Seiten.

All dies darf aber nicht geschehen, wenn der leibliche Vater weg ist und ein neuer Mann an Stelle des Vaters eingezogen ist. Dann nämlich spricht die Mutter über den alten Vater in einer seltsam neutralen, sachlichen Art, fast wie über einen Gegenstand. Meistens handelt es sich sowieso um irgendwelche äußeren Arrangements,

Termine, Geld und ähnliche Dinge. Und wenn das Kind negative, vielleicht sogar gehässige Dinge über den leiblichen Vater verkündet („Bei Papa ist es immer so schmutzig" oder „Seine neue Freundin sieht so affig aus") dann klingt dies in den Ohren der neu zusammengesetzten Familie wie eine wohltuende Beschwichtigung und Erleichterung und auch wie Eigenlob: „Wir sind die besseren." Umgekehrt erlebt auch der leibliche Vater selbst „den anderen Mann als den Stärkeren und Mächtigeren und sich selbst als kastrierten ausgeschlossenen Buben."[69]

Die wirkliche Sehnsucht, das volle Ausmaß dieser Sehnsucht ist – wie schon gesagt – schwer in Sprache zu bringen. Allerdings, wenn wir die Augen offenhalten, begegnen wir tagtäglich Szenen und Bildern wie diesen:

❑ Da ist die 13jährige Johanna, die sich während der dunklen Jahreszeit in den Garten des Vaters schleicht und hinter den Büschen versteckt, um ihn dort heimlich in seiner Wohnung zu beobachten. Die Mutter durfte dies nie erfahren, nur die beste Freundin.

❑ Da ist der 10jährige Florian, dem das Jugendamt auf Drängen der wohlmeinenden Großmutter den Kontakt zum Vater abgeschnitten hat. Abends hockt der Junge vor dem Fernseher in der Hoffnung, daß er seinen Vater eines Tages auf dem Bildschirm entdecken wird. „Ich erkenne ihn sofort", verkündet er und wartet jahrelang. Der Vater hat inzwischen drei weitere Kinder.

❑ Da ist der neunjährige Sebastian, der plötzlich, nach dem Fortgang des Vaters den energischen Wunsch äußert, Zau-

berer zu werden. Er verkleidet sich als Zauberer, sucht
nach einer Zauberschule und bohrt alle mit Fragen über
Zauberei. Kein Zweifel, er will seinen verschwundenen Vater wieder herzaubern.

❏ Da ist Mio in Astrid Lindgrens Kinderbuch: „Jemand kam
den Strand entlang. Es war mein Vater, der König. Ich erkannte ihn sofort, als ich ihn sah. Ich wußte, daß es mein
Vater war. Er breitete die Arme aus, und ich flog an seine
Brust. Lange hielt er mich fest. Wir sprachen kein Wort. Ich
legte nur die Arme um seinen Hals, so fest ich konnte."

❏ Da sind moderne Filme, wie „Central do Brasil". Josué
sucht seinen Vater. Er sucht ihn mit aller schmerzlichen
Leidenschaft, deren ein 10jähriger fähig sein kann. Szenen
im Film, wie die, als Josué sich dem Vater ganz nah fühlt,
sich auf dem Markt ein weißes Hemd kauft und es anzieht:
„Ich will schön sein für den Vater."

Die Vatersehnsucht ist körperlich verankert. Geldver-
dienen, das Leben organisieren, Auto fahren, all das haben die Frauen längst und gut übernommen. Aber es
geht um etwas ganz anderes. Von den Töchtern sprachen wir im vorigen Kapitel, hier geht es nun noch einmal gezielt um die Söhne. Der Schriftsteller Robert Bly
geht davon aus, daß zwischen Vater und Sohn nicht einfach eine Verhaltensanpassung im Sinne von Nachahmung stattfindet, sondern daß gewissermaßen ein
physikalischer Austausch auf körperlicher Ebene stattfindet. Es ist „als ob eine Substanz unmittelbar in die
Zellen wandert. Der Vater gibt und der Körper des Sohnes – nicht sein Geist – empfängt diese Nahrung, auf
einer Ebene, die tief im Unterbewußten liegt. Der Sohn

wird nicht durch Handauflegen, sondern durch ‚Körperauflegen' geheilt. Die Zellen erfahren, was ein erwachsener männlicher Körper ist. Der jüngere Körper lernt, was für Schwingungen der männliche Körper ausstrahlt. Allmählich erfaßt er das Lied, das die Zellen des erwachsenen Mannes singen, und wie die zauberhaften, eleganten, einsamen, mutigen, halb verschämten männlichen Moleküle tanzen." Männliche und weibliche Zellen haben – so Robert Bly – ihre je eigene Musik, und der Sohn muß sich auf die männlichen Frequenzen (mit ihrer rauhen, fordernden, gereizten, humorvollen und eigenwilligen Tönung) ebenso einschwingen wie auf die weibliche, die er schon im Mutterleib gelernt hat. „Söhne, die diese Neueinstimmung nicht erlebt haben, hungern ihr ganzes Leben lang nach dem Vater", und dem Körper des Jungen fehlt etwas so Substantielles wie Salz, Wasser oder Proteine. Die Jungen schämen sich ihres Hungers und „ihre Scham ist namenlos, bitter, unauslöschbar." Die Mütter, die das Leid ihrer Söhne mitempfinden, können dennoch diese Substanz nicht ersetzen.[70]

Wenn das Kind Glück hat und (doch) seinen Vater und vielleicht sogar noch den eigenen Großvater in der Nähe erlebt, dann entdeckt es in seinem kindlich-wachsamem Auge vielleicht voller Freude: „Papas Papa hat meinen Papa so gestreichelt."[71]

Das Kind hat Sehnsucht nach Spiegelung. Das Kind hat Sehnsucht nach dem Vater. Wenn die Eltern sich scheiden lassen, wenn der Vater, wie in der Mehrzahl der Fälle, das Haus verläßt und woanders wohnt, lebt in den Kindern die Sehnsucht fort, das Ganze *ungeschehen* zu machen, die Zeit zurückzudrehen und den alten Zustand wiederherzustellen. Allen klugen Erklärungen der Eltern zum Trotz – über die Endgültigkeit und vor allem über die „Sinnhaftigkeit" dieser Entscheidung („es ist besser für dich!") – leben Kinder in der heimlichen Hoffnung, daß der Vater doch zurückkommt. Sie hoffen insgeheim, daß er die Mutter doch wieder heiraten wird und alles nur ein böser Traum war.

„Ich war wütend" – sagt Steven Spielberg – „ich wünschte, daß mein Vater meine Mutter wieder heiraten würde, und er tat es nicht." Und Steven war damals kein kleiner verträumter Junge, sondern ein großer und kluger Jüngling, als er diesen Gedanken hegte. Später hat er seine Sehnsüchte in Kunst transformiert: Sein Film aus dem Jahre 1982, E.T., war ein anklagender und zugleich klagender Brief an seinen Vater. In ihm sucht ein kleiner Junge Freundschaft, Trost und Vertrauen in dem Außerirdischen – in der Phantasie: „Der Film war eine reine Manifestation meiner Gefühle über meine eigene Mutter und meinen Vater," sagt Spielberg. „Eigentlich geht der ganze Film um Scheidung. Henry Thomas' Charakter, seine Gefühle, alles entsprach mir und meinen Gefühlen. Seine Sehnsucht nach seinem Vater, der mit Sally in Mexiko weilte, das war meine Sehnsucht nach meinem Vater. Henrys Begehren, einen Vater zu finden – indem er E.T. in sein Leben hineinbrachte, um das schwarze Loch zu füllen – das entsprach genau meinem Kampf, irgend jemanden zu finden. Irgend jemand, der

Elliott: „E.T.! Stay with me. Please. Stay with me, together!"

Stephen Spielberg

86

den Vater ersetzen sollte, von dem ich überzeugt war, daß er mich verlassen hatte."[72]

Unsere Wissenschaft, die doch jeden Aspekt des gesellschaftlichen Lebens wie mit Röntgenstrahlen durchleuchtet, hat diese Sehnsucht des Kindes nach dem Vater nicht annähernd angeschaut. Wie sollte sie sie auch erfassen? Sollte sie die Kinder nach ihren heimlichen Schleichwegen, die sie ja vor den Müttern streng verborgen halten, ausfragen? Die Literatur, vor allem die Kinderliteratur, kommt dagegen viel näher an die Verwundungen heran:

„‚Wie lange ist es her, seit du deinen Dad zuletzt gesehen hast?' Colin drehte sich zum Fenster: ‚Fünf Jahre.' ‚Fünf Jahre?' Er wandte ihnen weiter den Rücken zu: ‚Fünf Jahre, acht Monate und sieben Tage … Mum denkt wahrscheinlich, ich habe ihn vergessen. Zu Hause rede ich nie von ihm. Aber obwohl ich weiß, daß er nicht mehr da wohnen kann, schreibe ich immer heimlich seinen Namen und unsere alte Adresse auf alle Formulare, die Mutter für die Schule ausfüllen muß, damit man sieht, daß er doch wichtig ist und daß er immer noch mein Dad ist.' Er straffte sich ein wenig: ‚Aber ich rede nie mehr mit Mum über ihn. Nie mehr.'"[73]

Manche Kinder klammern sich an ihre Erinnerung, bewahren sich den Vater in ihrem inneren Reich, das sie vor den Erwachsenen hermetisch abschließen. Anderen wiederum sind die Gedanken an den abwesenden Vater so schmerzlich und quälend, daß sie sie nicht ertragen können und den Vater lieber tot wünschen oder für tot erklären, um sich dieser Erinnerungs- und Sehnsuchts-

last zu entledigen. Mark Bryan zitiert ein neunzehn-
jähriges Mädchen, das mit solchen Todeswünschen rea-
giert, und diese Vorstellungen sind durchaus nicht
untypisch: „Ich hatte mich an mein Leben gewöhnt und
hatte die Vorstellung über meinen Papa, daß er gestorben ist. Wenn er krank geworden und gestorben wäre,
wäre es für mich viel einfacher gewesen, zu verstehen."[74]

Der anderen Version, den Vater nicht nur tot zu *wünschen*, sondern für tot zu *erklären*, begegnet man erstaunlich häufig: „Ich bin nicht sicher, wo ich's her hab,
aber als ich ein kleiner Junge war, fünf oder sieben Jahre
alt, habe ich angefangen, mir verrückte Geschichten
über meinen Vater auszudenken. Wenn mich jemand
über meinen echten Vater fragte, sagte ich, daß er starb –
normalerweise irgend etwas Cooles, wie ein Motorrad-
unfall oder bei einer Autojagd. Er ist auf dem Weg zu
mir gestorben, sagte ich manchmal. Ich habe keine Ahnung, ob ich das selbst jemals geglaubt habe oder nicht,
aber irgend etwas zwang mich dazu, das zu denken und
zu sagen."[75]

Die Motive für diese Art kindlicher Phantasien und
„Lügen" (wir erinnern uns an Thierry), liegen auf der
Hand: Der verschwundene Vater wird durch diesen Tod
idealisiert, noch einmal wird ein inniger Kontakt herge-
stellt – *„Er starb, als er gerade zu mir kam"*. Und vor allem kann das Kind auf Mitgefühl, Anteilnahme ihm gegenüber hoffen, das heißt, die Einsamkeit im Schmerz
wird aufgehoben.

Postskriptum: *Eine Geschichte von Vatersehnsucht*
1998 im Herbst, an einem Abend bei einbrechender
Dunkelheit. Vor unserem Haus in der Normandie hält
ein fremdes Auto an. Ich gehe zur Strasse, weil normalerweise um diese Zeit niemand ohne Grund vor unserem einsamen Haus hält. Ein Mann steigt aus, zwischen
fünfzig und sechzig Jahren, begleitet von einer Frau,
seiner Fahrerin. Er selbst konnte krankheitshalber
nicht autofahren. Der Fremde fragt mich nach dem Namen eines amerikanischen Offiziers, der angeblich hier
in der Gegend auf einem Straßenschild verzeichnet
wäre. Ich konnte ihm nicht weiterhelfen und schickte
ihn in die Dorfkneipe, wo die Männer alles wissen und
jeder jeden kennt. Stunden später, ich wollte gerade
schlafen gehen, klingelte es an meiner Tür. Derselbe
Mann stand da, blaß und erregt: „Wir haben ihn gefunden." Jetzt lasse ich ihn ein und erfahre die ganze Geschichte: Sein Vater, jener Amerikaner, dessen Namen
das Straßenschild tatsächlich trug, hatte in der kriege-
rischen Extremsituation kurz vor der Invasion Anfang
Juni 1944, wie so viele Soldaten damals, eine Geliebte,
eine junge englische Krankenschwester. Kurz bevor
er in der Nacht auf den 6. Juni von England aus in die
Normandie übersetzte, um dort in der erbitterten
Schlacht an einem der großen Invasionsstränden, Utah
Beach, zu sterben, hatte er den Sohn, unseren Gast, ge-
zeugt. 53 Jahre hat unser Gast seinen Vater innerlich
und nun auch real gesucht. Er hatte keine Mühe ge-
scheut und den Hinweis auf den Namenszug seines Vaters vom Roten Kreuz bekommen. Als er an diesem ver-
regneten Herbstabend die Stelle gefunden hatte, wo

sein Heldenvater im Befreiungskampf gegen Hitler sein Leben gelassen hat, versagte ihm die Stimme. Er lag wie ein kleiner Junge, der endlich weinen darf, in den Armen einer Fremden.

14. Kapitel:

Die Sehnsucht des Vaters nach dem Kind

„Es geschieht manchmal, daß das Kind mir fremd wird – aber so fremd wird einem nur das Allerliebste."

Peter Handke

Zur Liebe gehören immer zwei. Nur manchmal ist der andere weg, einfach verschwunden, wie in dem schon erwähnten brasilianischen Film „Central do Brasil" oder in dem kanadischen Film „Smoke Signals", wo sich ein Jugendlicher auf Vatersuche in der Weite des Landes macht. Einfach verschwunden, ohne Erklärung. Manchmal ist der andere tot, manchmal ist er weg und hüllt sich in Schweigen, ist unerreichbar, das heißt, er ist *wie tot*.

Kinder, die das Fortgehen des Vaters erleben, ganz gleich, welchen Alters, unterstellen dem Vater die bewußte Absicht, *wegzuwollen,* das Kind verlassen zu *wollen*. Ambivalenz, zu gehen und doch eigentlich bleiben zu wollen, ist dem Kinde fremd. Wer geht, verläßt das Kind. Wer geht, trägt die Schuld. Daß es auch anders sein kann, daß viele Väter ihre Kinder gegen ihren eigenen Willen und gegen inneres besseres Wissen verlassen, können Kinder noch nicht begreifen, selbst ältere nicht.

Die Sehnsucht des Vaters nach dem Kind. Dies ist immer noch ein Tabuthema in unserer Gesellschaft, in der es den Menschen, vor allem aber den Männern, als Schwäche ausgelegt wird, Verwundung und Kränkung zuzugeben. Welcher Mann würde sich schon trauen, offen die Worte auszusprechen: „Ich bin krank vor Sehnsucht nach meinem Kind", so wie es Mark Bryan in seinem faszinierenden Buch „The Prodigal Father – Reuniting Fathers with their Children" getan hat.[76] Der amerikanische Autor Bryan war selbst vierzehn Jahre lang von seinem Sohn Scott getrennt und hat durch starkes eigenes Bemühen und gegen große innere und äußere Widerstände endlich zu ihm zurückgefunden.

> „,Neun Jahre habe ich dich gesucht', sagte mein Vater, der König. ,Nachts habe ich wachgelegen und gedacht: ,Mio, mein Mio.'"
>
> Astrid Lindgren, Mio, mein Mio

Bryan verweist eindringlich auf die Beschämung, auf die Tiefe der Verletzung von Vätern, die vergeblich versuchen, ihren Kindern nahe zu sein. Er spricht in diesem Zusammenhang von *soul loss*, dem Seelen-Verlust der Väter: „Wenn ein Vater von seinem Kind getrennt wird, wird ein Stück von ihm herausgerissen und das tiefliegende Wissen, daß er dieses Stück zurückholen muß, läßt ihn nicht mehr in Frieden. Bis er dieses vollbringen kann, ist er zweigeteilt, wie sehr er es auch bestreiten möge. Die Entfernung eines Mannes zu seinen eigenen Kindern ist oft genauso groß wie der Schmerz, den er in sich trägt. In vielen spirituellen Kulturen wird dies *See-*

> „Das Haar des Kindes: kein Geruch, sondern sofort ein Gefühl."
>
> Peter Handke

lenverlust genannt. Das Aufgeben eines zentralen und wichtigen Teiles seiner selbst – nämlich der Vaterschaft. Dieser Verlust des eigenen Selbst hört für den Vater, dem seine Kinder entfremdet sind, niemals auf."[77]

Viele Väter, so beschreibt Mark Bryan seine Erfahrungen mit anderen Betroffenen, reagieren mit Verdrängung, mit Nicht-Fühlen des Verlustes. Sie haben oft keinerlei Bewußtsein, keinen Zugang zu ihrem Seelenverlust.

Um jedes Aufkommen von Sehnsucht schon im Keim zu ersticken, schmieden sich diese Väter eine ganze Kette scheinbar vernünftiger Erklärungen, weshalb sie den Kontakt zu ihren Kindern vermeiden. Diese Rationalisierungen suggerieren sie sich selbst und anderen: „Es ist mir eh egal" – „Ich bin sicher, die haben mich längst vergessen." – „Ihre Mutter hat sie gegen mich aufgehetzt." – „Außerdem bin ich gar nicht so sicher, ob es *mein* Kind ist." – „Ich werde zurückgehen, wenn ich genug Geld zusammen habe." – „Sie haben jetzt einen anderen neuen Vater, wenn ich erscheine, verwirrt es die Kinder nur."[78] All diese Scheinerklärungen, denn es sind ja keine wirklichen Erklärungen, dienen nur dem einen Ziel, nämlich abzulenken vom eigenen Trennungsschmerz. „Männer, die ihre Kinder verloren haben, tragen einen unglaublichen Schmerz in sich – einen Schmerz, von dem sie glauben, daß sie ihn vor sich selbst und vor andern verstecken müssen."[79]

Manche aber sprechen ihren Kummer und ihren Schmerz auch offen aus: „Ich fühle mich als Vater kastriert", sagt Bernd K., dessen 14jährige Tochter Eva in einer anderen Stadt lebt und die er seit sechs Jahren nicht

gesehen hat. Er fühlte sich so stark von Evas Mutter ge-
demütigt, daß er es in all den Jahren nicht einmal wagte,
was andere, mutigere Männer in seiner Lage oft tun,
nämlich ihren Kindern aufzulauern. Sie wollen sie wenigstens auf dem Schulweg oder Schulhof einmal von
Angesicht zu Angesicht oder zumindest von weitem
sehen.

Bernd K.'s Briefe an die Tochter kamen regelmäßig zurück. Die Mutter verweigerte, angeblich im Namen der
Tochter, die Annahme. Ich frage mich oft, wenn ich solche Geschichten erfahre – und es gibt sie in vielen Variationen – woher manche Mütter über Jahre hinweg jene
unbegreifliche Energie entwickeln und immer weiter
neu bestärken, um den Vater aus dem Leben ihrer Kinder rauszuhalten, gleichsam auszuradieren. Mit welch
ungeheurer negativer Energie müssen Mütter jahrelang
ihre Kinder überschütten, um in ihnen dann endlich
selbst die Sehnsucht nach dem Vater abzutöten. Auch
Mark Bryan bezeugt, daß viele Frauen bewußt oder unbewußt daran arbeiten, die Kinder und den abwesenden
Vater zu spalten.[80]

Aber diese Sehnsucht ist langfristig nicht zu töten.
Wir wissen aus Studien, aus autobiographischen Aufzeichnungen von Scheidungskindern und auch aus Erfahrung, daß Kinder irgendwann doch und dann mit
aller Dringlichkeit nach ihrem biologischen Vater verlangen. Keine noch so verbitterte Mutter kann sie davon
abhalten, nach ihm zu suchen. Meist ist es der Zeitpunkt
der Pubertät oder der Jahre danach, wo es für den Jugendlichen existentiell wichtig ist, zu erfahren, wo seine
Wurzeln sind. Spätestens aber werden sie es versuchen,

wenn sie ihre Heimatstadt verlassen, und dies sicherlich deshalb, weil sie sich dann vom mütterlichen Einfluß befreit fühlen. „In allen meinen Träumereien, von meiner Kindheit an, hatte ich mich mit ihm beschäftigt, meine Gedanken hatten sich um ihn gedreht: er war immer der definitive Endpunkt gewesen. Ich weiß nicht, ob ich ihn gehaßt oder geliebt hatte; aber er hatte mit seiner Persönlichkeit alle meine Gedanken an die Zukunft, alle meine Spekulationen auf das Leben angefüllt. Ich will nun endlich ein volles Geständnis ablegen: dieser Mensch war mir teuer."[81]

Häufig ist diese kindliche Sehnsucht, den Vater endlich kennenzulernen, in einer aggressiven Hülle versteckt: 18jährige gehen plötzlich mit Entschiedenheit zum Rechtsanwalt und klagen um Unterhalt. In Wirklichkeit verbirgt sich dahinter der verzweifelte Wunsch, wenn schon nicht in Liebe und Vertrauen, so doch *irgendwie* den Kontakt mit dem verlorenen Vater herzustellen. Lieber mit ihm streiten, lieber ihn angreifen. Lieber ihn demütigen als gar keine Beziehung zum Vater zu haben.[82]

Aber bleiben wir bei den Vätern selbst, bei ihren Frustrationen und ihrem Schmerz. Die meisten Väter leugnen diesen Schmerz. Ähnlich wie die Kinder schlucken sie die Entscheidungen des Familiengerichts und kanalisieren ihre Enttäuschung um den Verlust entweder in stillen Kummer („Nur nicht darüber sprechen!") oder in nagende, ohnmächtige Wut, auch Wut gegen sich selbst. Welche Entwürdigung liegt doch tatsächlich darin, regelmäßig einen Teil des Lohns abzuzweigen für Kinder, die man nie, oder nur unter höchst entwürdigenden Bedingungen sehen darf. Wir alle kennen die Verbitterung solcher Männer, was oft dazu führt, daß sie grundsätzlich die Arbeit verweigern, um nicht zu diesen demütigenden Zahlungen gezwungen zu werden. „50 Prozent der geschiedenen Väter sehen ihre Kinder nur einmal im Jahr. 30 Prozent der Kinder aus geschiedenen Ehen waren niemals in ihres Vaters (neuer) Wohnung."[83]

Ähnlich wie Kinder sich ihren verschwundenen Vater oft tot wünschen oder tot erklären, tun es umgekehrt auch viele betroffene Väter. Mark Bryan zitiert den Fall eines Mannes, der glaubte, ohne seinen siebenjährigen, von ihm getrennten Sohn nicht existieren zu können. Er erzählte seinen Freunden, der Sohn sei tot. In diesem Verhalten liegt ein hohes Maß an Selbst-Destruktion, denn der Mann tötet nicht nur in der Phantasie seinen eigenen Sohn, sondern symbolisch auch sich selbst in seiner Identität als Vater.

15. Kapitel:

Konsequenzen von Scheidung und Vaterlosigkeit

„Die Scheidung der Eltern schafft in Kindern eine prägende
Identität."

Judith Wallerstein

Das Fehlen des Vaters in den Familien ist folgenreich. Natürlich gibt es im einzelnen unterschiedliche Arten mit dem Verlust umzugehen. Den einen gelingt es nie, loszulassen, die anderen gehen generell, was ihnen auch passieren mag, schnell zur Tagesordnung über. Und natürlich hängt es auch stark von der bisherigen Verfügbarkeit oder Nicht-Verfügbarkeit des Vaters ab, inwieweit das Kind den Verlust als schockartig und traumatisch erlebt. Wenn der Vater schon während der Ehe kaum spürbar war, wird logischerweise sein Verlust weniger auffallen.

Gleichwohl: Das Fehlen des Vaters ist nicht tödlich. Im Normalfall sorgen die Mütter gut für ihre Kinder. Jedenfalls haben sie (meist jedenfalls) die besten Absichten. Außerdem sorgt *die Natur*, d. h. der gesunde Überlebenswillen der Kinder dafür, daß sie sich arrangieren. Aber es ist und bleibt ein Mangel, und mehr noch: ein Drama. Zu recht betitelt deshalb der Berliner Psychoanalytiker Horst Petri sein Buch „Das Drama der Vaterentbehrung".[84]

Das Drama hat mehrere Ebenen, die hier behandelt werden sollen. Aber auch hier müssen wir – wie schon so oft zuvor – noch einmal zum Anfang zurück, zur Quelle der Kindesentwicklung:

Zunächst, im vorgeburtlichen Stadium, lebt das Ungeborene in der schützenden Mutterleibshülle.[85] Auch nach der Geburt bilden Mutter und Kind eine innige Einheit, zumindest im Idealfall.[86] Die Mutter bildet das erweiterte Ich des Kindes, das in der Anfangsphase des Lebens noch nicht trennt zwischen eigenem Selbst und mütterlichem Selbst, zwischen eigenem Körper und mütterlichem Körper. Nach dem Motto: Du bist Ich, ich bin Du.

Das, beziehungsweise der erste andere, der in das Leben des Kindes eintritt, ist der Vater. Er repräsentiert das Nicht-Ich. Er verweist von vornherein auf eine andere Struktur, nämlich die Struktur des Äußeren, der Realität, der Ordnung, der Dinge. Sigmund Freud bezeichnet dies als *Realitätsprinzip*. Dies ist ein unerläßlich wichtiges Prinzip, welches gewährleistet, daß wir mit beiden Füssen auf der Erde stehen, daß wir Moral und Gesetz kennenlernen und uns allmählich zu eigen machen. Zu dieser Realität gehört auch – schmerzlich genug – daß der Vater die innige Mutter-Kind-Einheit ein Stück weit *bricht* und daß er dem Kind zeigt: „Die Mama gehört Dir. Aber sie gehört *auch* mir."

Oft erlebt man, daß Väter, besonders junge unerfahrene Väter, diesen Akt des Durchbrechens der Mutter-Kind-Einheit zu gewaltsam und zu wenig einfühlsam zu erzwingen versuchen. Meist hegen sie einen unbewußten Neid um die Vorrangstellung des Kindes bei der Mutter, sie spüren Neid um etwas, was sie unbewußt für sich selbst ersehnen. Aber anstatt solche Sehnsüchte in sich zuzugeben und weich und nachsichtig damit umzugehen, reagieren viele junge Väter eher mit Wut. Sie werden zornig gegen das Kind, auch gegen die Frau, die sie anscheinend vernachlässigt, und oftmals, ohne es zu wissen, gegen sich selbst, indem sie mit Irritation und Schuldgefühlen reagieren.

Im Idealfall geht das väterliche Durchbrechen der engen Mutter-Kind-Bindung, die man in Analogie zur Pflanzenwelt auch als „Symbiose" bezeichnet, langsam einher. Meistens ist dies der Zeitpunkt, wo die Mutter selbst wieder erotische Nähe zum Mann sucht. Dabei wird es ihr leicht, das Kind ein Stück weit loszulassen und dem Vater anzuvertrauen.

Der Vater braucht dieses Vertrauen. Er braucht diesen Raum, um seine Liebe zum Kind zu entfalten und zu kräftigen, das Kind zu spiegeln und sich selbst in seiner Väterlichkeit zu bestätigen. Das ist für ihn die Basis, auf der er Kindern generell Vorbild sein kann und speziell dem Jungen ein Maßstab: Er gibt ihm Zugang zur Aggressivität, und das heißt zu einem gesunden Selbstvertrauen, verbunden mit der Fähigkeit, sich selbst zu verteidigen. Er weist ihn ein in die Sexualität, in das Erforschen der Welt und schließlich in den Logos, verstanden als Fähigkeit der Abstraktion und der Objektivierung. „Ich habe das von meinem Vater gelernt", sagt ein kleiner Junge schon mit fünf Jahren, und dies mit der größten Selbstverständlichkeit der Welt.

Für Mädchen und Jungen gleichermaßen bereitet der Vater den Übergang in die übergeordneten Bereiche der Gesellschaft vor. Leistungsstreben, soziale Verantwortung, der Bereich der Arbeit, persönliche Initiative – all dies repräsentiert der Vater, beziehungsweise das väterliche Element in ihm. Der gute Vater verfolgt die Entwicklung seiner Kinder mit Interesse. Er akzeptiert den Körper des Kindes so wie er ist. Er liebt das Kind mit Zärtlichkeit und ohne Ambivalenz. Er ermutigt Fortschritte und setzt gleichzeitig Grenzen, um Sicherheit, den Rahmen einer harmonischen Entwicklung, zu gewährleisten. Dies ist traditionellerweise der Auftrag des Vaters, den er von Kultur zu Kultur unterschiedlich gefärbt ausübt.[87] Aber ich möchte noch einmal betonen, dies markiert den Idealfall. Ich beschreibe ihn deshalb so pointiert, um umgekehrt den *Mangel, das Drama,* um so deutlicher darstellen zu können.

Die Folgen des Vaterverlustes im Falle von Trennung und Scheidung müssen wir auf drei Ebenen betrachten. Erstens auf der Ebene der Kurzzeit-, zweitens auf der Ebene der Langzeitfolgen und drittens hinsichtlich der Folgen über mehrere Generationen.

Die Kurzzeitfolgen

Die Kurzzeitfolgen, d.h. die unmittelbaren Reaktionen von Kindern, die plötzlich mit der Trennung der Eltern konfrontiert werden – übrigens, das Empfinden, das alles so plötzlich käme, ist besonders typisch für Kinder – sind inzwischen häufig und gründlich beschrieben worden.[88] Diese Verhaltensauffälligkeiten und Störungen sind so evident und so überzeugend, daß es keines Beweises bedarf, sie als unmittelbaren Ausdruck von manifester Trennungsangst zu deuten. Ich fasse die Beobachtungen kurz zusammen.

Zunächst reagieren Kinder unterschiedlich entsprechend ihrem Alter, beziehungsweise ihrem Entwicklungsstand. Sehr junge Kinder, von der Geburt bis zu etwa drei Jahren, teilen sich nicht über Sprache mit, sondern durch umfassende Befindlichkeitsstörungen. Diese Kinder sind weinerlich, leicht erregbar und ängstlich, sie schlafen abends nur schwer ein und schrecken während der Nacht dauernd auf. Sie entwickeln meist ein klammerndes Verhalten an den verbleibenden Elternteil, zumeist die Mutter, gleichsam um zu verhindern, daß auch dieser verschwindet. Viele Kinder regredieren, d.h. sie fallen in eine frühere Entwicklungsstufe zurück, geben schon erreichte Fortschritte, wie z.B. selbständiges Essen oder Sauberkeit auf, und sie antworten auf Anforderungen von außen mit Resignation und Apathie.

Kinder zwischen drei und sechs Jahren erleben schon ein Stück weit bewußter die Realität der Trennung und deren sichtbare Folgen und stellen ihre ersten bohrenden Fragen „Wo ist Papa? Warum ist Papa weg? Wann kommt Papa wieder?" Meist antwortet niemand auf diese Fragen und die Kleinen, weil sie ein empathisch-sensibles Gespür

> *„Es ist eines der grausamen Paradoxe vieler Scheidungen – vor allem für Vorschulkinder –, daß je mehr die Mutter für sich gewann, desto mehr verloren die Kinder."*
>
> Judith Wallerstein

für elterliche Mißbilligung haben, hören meist damit auf. Sie werden brav und verstummen. Sie verdrängen ihre lebenswichtigen Fragen. Diese Kinder fühlen sich durch den Fortgang eines Elternteils existentiell bedroht, weil sie die Vorstellung, daß das Leben auch so weitergeht, noch nicht denken können. Überangepaßtheit, mit dem Ziel, das ganze Geschehen durch Bravheit ungeschehen machen zu können, wechseln ab mit Wut und Verzweiflung, wenn das Kind spürt, daß es durch sein eigenes Verhalten doch nichts ausrichten kann. Eltern kennen nur allzu gut diesen Jähzorn, wissen ihn aber meist nicht zu deuten.

Kinder zwischen sechs und neun Jahren nehmen mit viel mehr Durchblick die wirkliche Situation in ihrer Komplexität und Konflikthaftigkeit wahr. Kinder dieser Altersgruppe, sofern sie sich nicht von vornherein resignativ aus dem Geschehen heraushalten, versuchen meist, sich in die verschiedenen Konfliktpartner einzufühlen, es allen recht zu machen und sind dabei meist emotional weit überfordert. Wenn solche Kinder am Ende einsehen, daß sie die Probleme der Eltern weder entschärfen noch in irgendeiner Weise das Geschehen rückgängig machen können, reagieren sie häufig mit Trauer und Hoffnungslosigkeit, die auch manchmal in ernstzunehmende Depressionen, bis hin zum Selbstmord, münden.

Im Alter zwischen neun und zwölf Jahren spielen sich die Enttäuschungen der Kinder auf wiederum einer anderen Ebene ab. In diesem Alter haben sie – mühsam genug – mit Hilfe der Eltern ihr moralisches Gerüst von Gut und Böse, von Vertragstreue und Vertragsehrlichkeit entwickelt. Genau dieses moralische Gerüst bricht aber nun durch das Verhalten der Eltern selbst zusammen: Sich gegenseitig stützen und schützen, sich respektieren und sich vertrauen – all diese kostbaren Werte werden ins Gegenteil gezerrt, noch ehe sie im wachsenden Ich des Kindes ganz verwurzelt sind. Das Kind in diesem Alter neigt – anders als das jüngere, das in Regression fällt – meist dazu, in seiner Entwicklung voranzupreschen, sprachlich-kognitiv *erwachsene* Lösungen für Auseinandersetzungen zu finden, die seinem eigentlichen Reifestand noch gar nicht entsprechen. Für dieses Alter typisch ist beispielsweise der bekannte Erwachsenensatz. „Die Trennung ist das beste für uns alle." Dies wiederum ist die Ursache für den Einbruch in der Identitätsentwicklung, der bei vielen solchen Kindern in Trennungssituationen häufig anzutreffen ist. Das Kind fühlt sich nicht verankert in seinem vertrauten Personenkreis, es fühlt sich nicht verankert in Moral und Normen, es *schwimmt* eher in seinen Gefühlen und ist blockiert in seiner Weiterentwicklung.

Das Kind, bzw. nunmehr der Jugendliche von der Pubertät bis etwa 18 Jahren neigt meist ziemlich radikal zum Rückzug aus der Familie.[89] Das heißt konkret, es stürzt sich in frühe sexuelle Beziehungen und/oder enge freundschaftliche Bindungen zu Gleichaltrigen. Viele Jugendliche ziehen von zu Hause aus. Eine 16jährige Jugendliche ließ sich freiwillig in die Psychiatrie einweisen, weil sie erfahren hatte, daß schwierige Jugendliche von dort aus ins Ausland in eine Abenteuergruppe geschickt werden. Sie war so überzeugt, aus der eigenen, zerbrochenen Familie raus zu müssen, daß sie den zeitweiligen Umgang mit teilweise schwerkranken, magersüchtigen Mädchen ihres Alters für sich als leichter empfand als das Verbleiben in der eigenen Familie.

Viele Jugendliche fühlen sich dem Lavieren zwischen den elterlichen Parteien nicht gewachsen oder sie weh-

103

ren sich dagegen, von den elterlichen Konflikten vereinnahmt zu werden und ziehen sich deshalb in sich selbst zurück in Vereinzelung und Resignation.

Neben diesen altersspezifischen Faktoren spielen auch immer gleichzeitig Temperament und Geschlecht der Kinder eine Rolle. Natürlich neigt ein schon vom Temperament her melancholisches Kind viel eher zu der oben beschriebenen Vereinzelung und Depression als ein sanguinisch-fröhliches Kind. Aber sogar hier kann man sich leicht täuschen und muß deshalb genau hinschauen. Wissen wir doch, daß Kinder ebenso wie Erwachsene in ihrer Abwehrhaltung von Schmerz durchaus widersprüchliche Verhaltensweisen zeigen. Oft verbarrikadiert eine fröhliche Fassade eine traurige Seele.

Die Langzeitfolgen

Wassilios E. Fthenakis, einer der erfahrensten Forscher in Scheidungssachen, geht davon aus, daß Kinder nach einer Scheidung normalerweise etwa zwei Jahre brauchen, um sich mit der neuen Situation zu arrangieren. Dies ist natürlich ein Durchschnittswert, wobei es vor allem auch darum geht, daß die äußere Ordnung im Kinderleben wiederhergestellt wird und daß die Kinder den Schock der elterlichen Trennung zunächst einmal verarbeiten.[90]

Von überwinden kann meist nicht die Rede sein. Gerade Fthenakis, noch stärker aber die amerikanische Forschergruppe um Judith Wallerstein weisen nach, daß die Scheidung der Eltern sich besonders in langfristigen Folgen in einem bisher nicht vermuteten Ausmaß niederschlägt. Dies entzieht sich natürlich in den meisten Fällen der elterlichen Wahrnehmung und dem elterlichen Vorstellungsvermögen. Die kurzzeitigen Reaktionen wie Irritation, Trotz und Traurigkeit des Kindes mögen sie vielleicht noch als unmittelbaren Ausdruck von Trennungsschmerz akzeptieren. Wie aber können sie die langzeitigen vorwegahnen? Vor allem, da die Eltern zum Zeitpunkt der Scheidung doch mit sich und ihren eigenen Scheidungsfolgen mehr als beschäftigt sind und den Kopf nicht frei haben für die Leiden der Kinder.

„Die Abwesenheit des Vaters heißt nicht nur Schmerz für den Vater allein, sondern auch Schmerz und Verlust für die Kinder und Verlust für die Mutter, Verwandten und Freunde, für die gesamte Struktur der näheren Beziehungen. Das heißt im Grunde, daß die Abwesenheit des Vaters Schmerz und Verlust für die gesamte Gesellschaft mit sich bringt."

Mark Bryan

Welches sind nun die Langzeitfolgen?

Erstens: das Risiko, seelisch zu erkranken. Kinder aus geschiedenen Ehen bedürfen etwa viermal häufiger kinder- und jugendtherapeutischer Hilfen als Kinder aus vollständigen Ehen. Die Symptome, die sie in die Sprechstunden der Kindertherapeuten führen, sind alle Formen von Verhaltensstörungen, vor allem Aggression, offensichtliche Fehlhaltungen in der moralischen Entwicklung, sowie das vermehrte Auftreten von Depression.[91]

Zweitens: Probleme der Geschlechtsidentität bei Mädchen und Jungen. Beide Geschlechter tragen in sich tiefe Unsicherheit und Ängste in bezug auf ihre eigene

105

> *„Jeder Elternteil hat eine doppelte Aufgabe: er dient einem Kind des gleichen Geschlechts als körperlicher Bezugspunkt und einem Kind des entgegengesetzten Geschlechts als Ort des Begehrens."*
>
> Christiane Olivier

Bindungsfähigkeit. Sie fragen sich innerlich „Kann ich lieben?" und, nach ihrer Erfahrung von Verlassenwerden, mehr noch: „Kann mich jemand lieben?" Diese Unsicherheit überträgt sich dann generell auf Zukunftsphantasien. Zu Recht fürchten die Jungen und Mädchen, daß sie später auch selbst in die Verhaltensweisen ihrer Eltern (zurück)fallen werden und haben deshalb Angst, partnerschaftliche Verantwortung einzugehen.

Solche Ängste wachsen sich im jungen Erwachsenenalter, wenn die ehemaligen Scheidungskinder selbst die Gründung einer Familie erwägen, nicht etwa aus. Statt dessen treten sie gerade zu diesem Zeitpunkt verstärkt und störend in Erscheinung. Viele junge Erwachsene bevorzugen es auch (unbewußt) allein zu bleiben, um nicht dieselben Formen des Verlassenseins zu erleben wie einst Mutter oder Vater. Sie leben, wie Judith Wallerstein eindrucksvoll belegen konnte, in einer dauernden negativen Erwartungshaltung in bezug auf alles, was den Bereich von erotischer Nähe und familiärer Bindungen betrifft: „… Es bedeutet erwachsen werden mit akuten Ängsten. Wirst du je eine treue Frau finden, die du lieben kannst? Wirst du je einen Mann finden, dem du trauen kannst? Oder wird deine Beziehung auch so scheitern wie die deiner Eltern? Und noch bedrängender, du fragst dich, ob du deine eigenen Kinder davor schützen kannst, daß sie dieselben Erfahrungen machen wie du damals."[92]

Was Fthenakis als Erklärung für die besondere Bindungsunfähigkeit der Mädchen aus geschiedenen Ehen darlegt, muß im Grunde ganz analog auch für die Jungen gelten. Er schreibt dazu: „So wird die beschleunigte Suche nach heterosexuellen Bindungen, die häufig bei jungen Frauen aus Scheidungsfamilien zu beobachten ist, als Bewältigungsversuch für frühere Probleme interpretiert. Zudem soll durch das rasche Eingehen und Beenden diverser Beziehungen demonstriert werden, daß ein Verlust nicht schmerzlich ist und Beziehungen generell minderen Wert haben."[93]

Manchmal höre ich Jugendlichen zu, wenn sie über ihre Zukunft phantasieren. Es hat, so weit ich mich erinnere, auch in der Vergangenheit immer Jugendliche gegeben, die überzeugt behaupteten, nicht heiraten zu wollen. Das ist normal. Heute aber erlebe ich, daß junge Mädchen, die im Gespräch vorher friedlich über Parties, Musik und Klassenlehrer sprachen, plötzlich, wenn das Wort *Familie* fällt, das Gesicht verändern, im Ton umschlagen, sarkastisch werden und fast so etwas wie Ekel demonstrieren: „Da gibt es doch Leute, die noch heiraten wollen!" Oder: „Ich spar mir das Geld für die Scheidung."

Drittens: Sozial auffälliges Verhalten. Grundsätzlich ist die Zahl der männlichen Rechtsbrecher in den Bereichen Gewalttätigkeiten, Einbruch, Drogen und (sogar) Verkehrsdelikten bei Jugendlichen aus Scheidungsfamilien wesentlich höher als bei denen aus vollständigen Familien. Bei Mädchen finden sich eher andere Auffälligkeiten, vor allem starker Partnerwechsel, Weglaufen und auch Drogenmißbrauch.

Liest man nun den kanadischen Autor Guy Corneau, so erscheinen einem die soeben beschriebenen Langzeitfolgen noch fast als schwach. Corneau ist viel radikaler als seine Kolleginnen und Kollegen. Auch er kennt die Forschung, nimmt diese ernst und untermauert sie durch eigene psychoanalytische Wahrnehmungen. Aber für ihn, und dies entspricht auch meiner Auffassung, sind dies nur schwache Argumente gegenüber dem wirklich wichtigen, nämlich: „Keinen Vater zu haben ist so, als ob man kein Rückgrat hat." Corneau beschreibt dies so: „Die psychologische Identität eines Individuums beruht auf seinem Gefühl des eigenen Rückgrats, das es von innen her stützt. Infolge der Abwesenheit des Vaters fehlt dem Kind die innere Struktur. ... Im Grunde ist es niemals irgendeiner Sache sicher."[94]

Faßt man all die unterschiedlichen Folgeerscheinungen zusammen, die in der modernen Forschung beschrieben werden, so gibt es einen Grundtenor, der alle Aussagen durchzieht: Im Grunde sind es weniger irgendwelche markanten Auffälligkeiten, durch die sich vaterlose Kinder von anderen unterscheiden. Sie unterscheiden sich vielmehr durch ihre weniger ausgeprägte innere Strukturierung, durch die mangelnde Fähigkeit, Konflikte auszutragen, durch „eine allgemeine Weichheit, durch fehlende Klarheit in der Organisierung des eigenen Lebens und durch ein geschwächtes Selbstwertgefühl."[95]

16. Kapitel:

Aller Anfang liegt im Körper

Die Lust, mit dem Vater zu sein, will, wie alle Lust, Ewigkeit. Aber auf jeden Fall will sie Zeitlosigkeit.

In der Vergangenheit hat man vielfach angenommen, daß die Gegenwart des Vaters erst im späteren Verlauf der Kindheit, vor allem in den sensiblen Phasen der Übergänge, des Schulbeginns und der Pubertät, notwendig sei. Diese Einschätzung hat sich in letzter Zeit geändert. Immer mehr Forscher belegen, was unsere innere Stimme, unser *Instinkt* uns schon immer gesagt hat: Gerade in den ersten beiden Lebensjahren, in der Phase der Herausbildung des Ichs, brauchen die Kinder zur inneren und zur äußeren Gestaltwerdung auch den Vater. Das Kind sollte von Anfang an eingehüllt sein von seinem Körper, seinem Geist, kurz, von der Präsenz des Vaters.[96]

Im vorigen Kapitel sagte ich, daß die wohl am schwierigsten faßbare, aber tiefste Folge der Vaterlosigkeit im schwachen Selbstwertgefühl des Scheidungskindes liegt. Diese Kinder fühlen sich verlassen und von daher unwert. Meistens sieht man dies nicht auf den ersten Blick. Man nimmt es auch nicht zeitgleich wahr, sondern erst Jahre danach, meist in der Pubertät und, wie

Judith Wallerstein so eindrucksvoll in ihrer Langzeitstudie belegt, noch später in der Zeit der eigenen Familiengründung.[97] Und manchmal täuscht auch ein gespieltes Selbstwertgefühl über den Mangel an wirklicher innerer Stärke hinweg. Wir lassen uns leicht von den narzißtischen Zügen des Scheidungskindes blenden und entdecken deshalb die Schädigung nicht. Selbstwertgefühl, das Gefühl für die Einmaligkeit und den Wert unserer Selbst, erlangt man niemals durch Sprache. Man erlangt es durch Körpergefühl. Man erlangt Selbstwertgefühl in der vorsprachlichen Phase, in den Jahren zwischen Geburt und der vollendeten Sprachentwicklung.

Mit zwei Ausnahmen – dem Gebären und dem Stillen – können und sollen so gut wie alle Handlungen, die das Kind betreffen, von Vater und Mutter gleichermaßen übernommen werden. Und diese Handlungen sind so vielfältig, so umfassend: Das Kind tragen, wärmen, streicheln, zudecken, in den Schlaf legen und seinen Schlaf bewachen, das Kind waschen, baden und wiegen, ihm Lieder singen, es halten.

All diesen basalen Tätigkeiten – basal, weil sie die Basis der kindlichen Existenz betreffen – gehören zum Repertoire von Vater und Mutter. Väter, die von sich selbst glauben, sie nicht zu beherrschen, sind meist durch Erziehung davon abgeschnitten. Aber diese Fähigkeiten sind nicht für immer verschüttet, sie lassen sich jederzeit leicht wieder abrufen. Jeder, der mit offenen Augen durch die Welt geht, entdeckt diese Väter, in Kinderkliniken, auf Spielplätzen, in Straßenbahnen oder in Cafés.

Später kommen dann mehr und ganz andere Dinge hinzu: Das Kind an die Hand nehmen, es laufen und schwimmen lehren, Drachen steigen lassen, Schmetterlinge jagen, Märchen erzählen, Radfahren, Radschlagen und Schlittschuhlaufen.

Das Kind ist ein rhythmisches Wesen. Es braucht den Rhythmus, es liebt ihn, die Wiederkehr des immer Gleichen: „Mehr, mehr, mehr!" Deshalb bilden solche rhythmisch wiederkehrenden Handlungen, wie sie oben aufgereiht wurden, den Kern seiner Identität, das Gefühl für sich selbst. Hier entsteht die Substanz des Ichs, gleichsam als Ablagerung all der alltäglich rhythmisch wiederkehrenden Prozesse – wie die Ringe der Bäume.

Diese Substanz, diese Ablagerungen, bilden die Wirbelsäule, das Rückgrat des Kindes. All das, was das Kind und den späteren Erwachsenen jetzt und zukünftig trägt. Und erst in der Verläßlichkeit dieser regelmäßig wiederkehrenden Handlungen wird das Rückgrat des Kindes stark und kraftvoll. Ich sage stark und kraftvoll, nicht starr. Starre wäre eine übertriebene Betonung, eine Überstrapazierung des Rhythmus, und damit schon gleichsam sein Tod. Rhythmus ist immer etwas Lebendiges.

Die Verläßlichkeit aber muß sein! Und für diese Verläßlichkeit, die das Kind trägt und wachsen läßt, sollten Vater und Mutter gleichermaßen sorgen und sie können es auch. Viel mehr Männer als man gemeinhin glaubt, sind auch dazu bereit und viel mehr Männer als man glaubt, ersehnen es für sich.

Was aber im Scheidungsfall? Gerade all diese oben beschriebenen Handlungen zwischen Erwachsenen und Kind lassen sich weder zeitlich noch räumlich splitten in die vom Familiengericht festgelegten Terminpläne für Kinder. Samstag nachmittag, 14–18 Uhr. Sonntag 10–17 Uhr. Was immer für Zeiten für den Vater angesetzt sind: Füttern, baden, rumtragen, laufen lernen, läßt sich nicht in solche Muster pressen, denn dies entspricht weder der Notwendigkeit noch den inneren Impulsen des Kindes.

Für das Kind, für den Jungen so gut wie das Mädchen, sollte der Vater *immer* erreichbar sein, mit allen seinen Stimmungen und seinen Empfindsamkeiten. So lernt das Kind seine wechselnden Gestalten erkennen. Es muß den Vater riechen können, denn jeder Vater riecht anders, und der Geruch selbst wechselt. Mal riecht er gut, mal weniger, und mal stinkt er vielleicht. So sind die Mischungen, so bin ich selbst – lernt das Kind – und so ist es normal und gut.

Das Kind entdeckt auch die weichen Seiten des Vaters, um diese – als Junge – auch in sich selbst zu akzeptieren und zu mögen, und um sie – als Mädchen – auch dem zukünftigen Geliebten und Mann zuzugestehen. Diese Nuancen im Ausdruck des Vaters erkennt das Kind aber nur durch viel körperliche Nähe. Und körperliche Nähe braucht Zeitmaße, die den Besuchsregelungen der Scheidungsgerichte absolut zuwiderlaufen.

Die Besuchsregelungen der Familiengerichte sind künstlich und kinderfeindlich. Reine Schreibtischkonstruktionen. Das wird nirgends auffälliger als gerade hier, wo es um Lebensprozesse, um rhythmische Prozesse geht. Während ich dies schreibe, ist Weihnachten. Jeder weiß, wie stark die Feste, die religiösen und die Familienfeste uns an sich schon fordern. Sie fordern uns in unserer ungeteilten Präsenz, unserer Liebesfähigkeit und unserem Organisationstalent. Ein Fest bereiten fordert immer unsere ganze Kraft.

Gerade in dieser *Extremsituation* wird häufig der Familien-Schatten spürbar, wo sich alle Spannungen, Dramen, alles Negative der Familie zusammenballt. Auch wenn man sie noch so sehr zu verbergen sucht. Im Scheidungsfall werden schon Wochen, manchmal Monate vorher die Arrangements festgelegt: Kinder werden gesplittet, hin und her transportiert um jeden Preis. Da gibt es unzählige Variationen: Heiligabend verbringen die Kinder bei der Mutter und dem neuen Freund. Am Morgen danach, wenn sie eigentlich halb erschöpft und halb glücklich sich auf dem Teppich im Kinderzimmer fallen lassen wollen und die neuen Legos ausprobieren und die Kassetten hören wollen, werden sie zum Vater gefahren. Die Geschenke sind längst ausgepackt. Der Vater, meist hilflos, bietet dann irgendwelche *Attraktione*n an: „Wollen wir zur Oma? In den Zoo? Oder gehen wir ins Kino?"

Wenn die Ehe der Eltern zerstört ist, sind auch meist die Feste zerstört. Sie bringen nun häufig Irritation und Trauer. Die Kinder geraten in Verwirrung, wie sie mit ihren eigenen, aber auch den Wünschen der anderen umgehen sollen. Ein dreizehnjähriges Mädchen sagt: „Dad blieb bis nach Weihnachten bei Oma. Zum ersten Mal waren wir an Weihnachten nicht zusammen. Es war furchtbar. Ich mußte mich entscheiden, ob ich Dads Geschenke am falschen Tag kriegen will, oder ob ich sie auspacken will, ohne daß er dabei ist. Er hat gesagt, ihm ist es egal, aber ich habe genau bemerkt, daß es ihm nicht egal ist. Am zweiten Feiertag mußte ich dann zu

Oma, und das war auch furchtbar. Mum und Dad haben sich mit eisiger Höflichkeit begrüßt, als Mum mich hingebracht hat."[98]

Äußerlich geht es hier um Geschenke. Sie aber stehen nur als Ausdruck für die Zerrissenheit des Kindes zwischen den Fronten der zerstrittenen Eltern und Familien. Und deshalb diese übermäßige Dramatik um ein paar Gegenstände. Das Kind spürt die Zerrissenheit körperlich. Vater und Mutter erscheinen dem Kind „eisig".

17. Kapitel:

Kinder suchen den Vater woanders

„Meine Schwester und ich hatten gelernt, daß es ein besonderes Privileg war, einen Vater im Haus zu haben, das einem schnell wieder genommen werden konnte."
Jeremy Langmead

Das Verlangen nach dem Vater ist ein Urbedürfnis des Kindes, unabhängig von mütterlichem Einfluß, von Kultur und von Gesellschaft. Allzu häufig ist dieses Verlangen überdeckt. Es ist überlagert von dem Bild des Vaters, das die geschiedene oder verlassene Mutter in sich trägt und das sie versucht, an das Kind weiterzugeben. Für das Kind ist es meist schwer, sich davon zu befreien. Aber irgendwann, meist während oder nach der Pubertät, manchmal sogar erst mit 30 oder auch 40 Jahren, setzt dieses Verlangen unwiderstehlich ein und verlangt nach Befriedigung.

Auch in der Kinderliteratur gibt es die schönsten Geschichten zu diesem Thema, so zum Beispiel Pippi Langstrumpf. Das Mädchen ist, wie jedermann weiß, elternlos. Sie erschafft sich Mutter und Vater in der Phantasie: Die Mutter wird zum freundlich winkenden, aber fernen Engel oben im Himmel, matt in der Gestalt.

Der Vater hingegen erhält eine lebendige Gestalt voll Fleisch und Blut und Leben, voller Farben, Witz und

Sprache. Und vor allem Macht. Er ist Herrscher, der Negerkönig von der Insel Takatuka, genau wie Pippi Herrscherin über ihre Villa Kunterbunt ist. Vom Vater hat sie den größten Schatz geerbt, den Witz, ihre Lebens- und Überlebenskunst, und das viele Geld ist dabei nur eine glückliche Zugabe. Die Weltliteratur ist voll von Geschichten und Dramen, die um das Motiv der Vatersehnsucht kreisen: Sophokles, Dostojewski, Shakespeare, Grimmelshausen, Brentano, James Joyce, Franz Barlach und Franz Kafka zeugen hierfür.[99]

Der Vater als König, dies ist der Traum aller Kinder. Deshalb werden die Kinder beim Märchenhören nie satt, von Königen zu hören: „Es waren einmal ein König und eine Königin, und sie wünschten sich so sehr ein Kind – also *mich*. Ich bin das Produkt des elterlichen Begehrens. Sie haben sich ein Kind gewünscht und *ich* bin angekommen. *Ich* bin geboren." So etwa phantasiert das Kind, wenn es die bekannten Zeilen hört. Es fühlt sich wichtig. Es fühlt sich angenommen und eingebunden in die elterliche Liebe.

Auch der moderne Film arbeitet mit diesen Bildern. „Don Juan de Marco", das filmische Meisterwerk mit Marlon Brando und Jonny Depp ist nichts anderes als ein Märchen über Vatersehnsucht. Um nicht an der Realität der Vaterlosigkeit zu zerbrechen, phantasiert sich ein junger Latino aus der Bronx in die Haut des Don Juan. Er *ist* Don Juan, um nicht ein blasser, verstörter, vaterloser Junge zu bleiben. Seinen verlorenen Vater verklärt er zum wohlhabenden Plantagenbesitzer in Mexiko. Der Junge schafft sich einen wunderbaren, schönen, starken Vater, der im Duell um einen vermeintlichen Nebenbuhler erstochen wird. Er identifiziert sich mit diesem Bild des Vaters und blüht auf zu hinreißender Schönheit – wie sein Vater.

Als der Junge am Ende mit Hilfe der Psychiatrie von seinem *Wahn*, d.h. von seinen Vaterphantasien, „geheilt" wird, sinkt das schöne Don-Juan-Antlitz in ein aschfahles, mattes Klein-Jungengesicht zusammen. Dies ist der ergreifendste Moment in dem Film. Indem die Psychiater den Wahn des Jungen brechen, brechen sie gleichzeitig sein Rückgrat.

Nicht alle vaterlosen Kinder fliehen in die Phantasie. Viele bleiben in der Realität und binden sich an männliche Personen, in die sie ihre Sehnsucht nach Getragenwerden, Anerkennung und Nähe hinein verlagern. Sehr häufig sind dies männliche Lehrer. Spricht man heute mit Lehrern und fragt sie nach ihren Problemen, dann klagen sie weit weniger als ihre Kolleginnen über Unkonzentriertheit der Kinder, über Aggressionen oder Gewalt oder desgleichen. Das ist nicht ihr wirkliches Problem. Die männlichen Lehrer fühlen sich durch Wünsche und Forderungen der Kinder beladen, die eigentlich dem Vater in der Familie gelten und die sie nun stellvertretend erfüllen sollen. Da liegt die neue Art von Überforderung.

Oft wächst ein Drittel bis hin zur Hälfte der Kinder einer Klasse allein mit der Mutter auf, mit guten und besorgten Müttern, die jedoch selbst fortwährend an ihre Grenzen stoßen. Sie fühlen sich überfordert, Entscheidungen zu treffen, die normalerweise den *Dritten* bzw. das männliche Urteil erfordern. Die Rolle des Dritten, des Objektivierenden, des Strukturgebenden, alles des-

117

sen, was ich als väterliche Kompetenz schon mehrmals beschrieben habe, möchten viele junge Mütter gern an die männlichen Lehrer übergeben. Sie rufen abends an und verstricken den Lehrer in Erziehungs- und Autoritätsprobleme. Sie versuchen ihn, sozusagen als Ersatzvater, in die eigene Familiendynamik zu verwickeln. Die männlichen Lehrer fühlen sich durch dieses Vertrauen geschmeichelt, müssen aber meist erkennen, wie überfrachtet dieser Anspruch der Mütter ist und daß er nur in den seltensten Fällen eingelöst werden kann. Objektiv wird dem Lehrer auf diese Weise eine Machtposition zugeteilt, die zu Irritationen führen kann, in manchen Fällen sicher auch zum Mißbrauch dieser Macht.

Kinder suchen den Vater überall. Den eigenen oder den Ersatzvater. Vaterlose Mädchen sind oft närrisch nach männlichen Personen, die durch ihr Amt oder durch ihre Ausstrahlung Väterlichkeit verheißen: Lehrer, Trainer, Busschaffner, Ladenbesitzer oder Pfadfinderleiter. All solche Männer, die potentiell ein neuer Vater sein könnten, alle, die die Lücke füllen könnten. Eine Frau erzählt, daß ihre achtjährige Tochter so „ungeniert auf fremde Männer zuschießt", um zu prüfen, ob sie ihr Vater sein könnten, daß es ihr selbst manchmal peinlich ist. Immer wieder müsse sie ihre kleine Tochter bremsen. Und viele Mütter berichten, wie ihre kleinen Töchter (selten Söhne!) ihnen gutgemeinte Heiratsvorschläge machen: „Mama, den solltest Du heiraten." In diesen Vorschlägen verschwimmen meist Phantasiegestalten mit dem wirklichen Vater. Die Intaktheit der Vater–Mutter–Kind–Struktur, das ist es, was das Kind ersehnt.

Dieses sehnsuchtsvolle Suchen des vaterlosen Kindes

erleichtert es häufig Pädophilen, sich in das Vertrauen der Kinder einzuschleichen. „Genau für diese Defizite haben Pädophile ein feines Gespür. Die Kinder verfallen zunächst dem Sog an emotionaler und materieller Zuwendung, an Bestätigung, Wärme und Geborgenheit, bis sie schließlich, überzeugt von der Liebe der Ersatzväter, auch die körperliche Nähe bis hin zur Sexualität zulassen."[100]

Vielen Kindern reicht es aber nicht, den Vater in der Phantasie zu suchen. Sie suchen ihn in der Wirklichkeit, dort, wo er ihnen in idealisierter Gestalt angeboten wird. Viele sportliche, vor allem aber viele politische Gruppen machen sich diese Sehnsucht der Kinder und Jugendlichen zunutze und huldigen einem Männer-, Vater- bzw. Führerkult. Weil der wirkliche Vater, der Vater aus Fleisch und Blut, mit dem das Kind (und wiederum besonders der Junge) sich rangeln und reiben könnte, und an dem es wachsen könnte, nicht existiert, weil es diese Leere in bezug auf den Körper des Vaters gibt, deshalb fliehen viele Jugendliche in die Idealisierung politischer und pseudo-politischer Ideen. Dort finden sie Rückgrat und Stärke, männliche Vorbilder.

Sogartig werden gerade innerlich geschwächte Jugendliche von Gruppen mit autoritärem Führungsprinzip angelockt, wobei das schwache Ich beim Verschmelzen in der Gruppe scheinbar groß und stark wird. Die Leiter solcher Gruppen haben oft Führungsqualitäten, die es ihnen leicht machen, die Rolle des ersehnten und idealisierten Vaters zu übernehmen. Und endlich darf all die aufgesparte Liebesenergie, die mitunter über Jahre zurückgehalten wurde oder die vergeblich auf verschiedene Freunde und Liebhaber der Mutter zersplittert wurde, endlich darf sie frei fließen.[101] Wenn der Junge schließlich *seinen* Vater – also seinen Vaterersatz – gefunden hat, dann wird mit der Verherrlichung dieses einen Mannes, aller Männer und schließlich des männlichen Prinzips selbst, endgültig die Nabelschnur vom Reich der Mütter abgetrennt. Und in manchen Fällen auch vom Reich der Frauen schlechthin.

18. Kapitel:

Exkurs über Homosexualität

„Ich liebe den Gesang der Vögel. Ich liebe die Musik aus meinen Silberpappeln. Aber noch mehr liebe ich es, meinen Sohn im Rosengarten lachen zu hören."

Astrid Lindgren, Mio, mein Mio

Grundsätzlich geht die moderne Forschung heute davon aus, daß „bei der Entwicklung einer homosexuellen Geschlechtsentwicklung verschiedene, auch konstitutionelle Faktoren zusammenwirken, und daß Homosexualität nicht das Ergebnis eines einheitlichen Geschehens ist."[102]

Ich will in diesem Exkurs bewußt nur einen unter mehreren Erklärungszusammenhängen thematisieren, nämlich die Verbindung von Vaterlosigkeit und Homosexualität. Dabei will ich ausdrücklich nicht von einer „unmittelbaren Schlußfolgerung aus der Abwesenheit des Vaters für die Homosexualität des Sohnes" ausgehen.[103] Dies wäre schon allein deshalb nicht legitim, weil ein Großteil der männlichen Homosexuellen selbst eine männliche Geschlechtsidentität hat. Allerdings legt die Zunahme von Vaterlosigkeit und das deutliche Ansteigen von offen gelebter Homosexualität es doch nahe, hier nach einer Verbindung zu suchen.

Mehrmals stellten wir schon fest, daß eines der Hauptprobleme für den vaterlosen Jungen darin besteht, sich aus der mütterlichen Identifikation und Umklammerung zu befreien. Traditionell gab und gibt es hierfür immer *zwei* Wege:

Erstens gab und gibt es den realen Vater, der durch seine kontinuierliche, alltägliche Anwesenheit und durch immer wiederkehrende Auseinandersetzungen mit dem Jungen, vor allem aber durch das gelebte Vorbild, die Verbindung mit der Mutter langsam aber sicher ablöst und dem Knaben dadurch eine männliche Identifikation ermöglicht. Den Höhepunkt dieser Entwicklung bildet nach Sigmund Freud der sogenannte Ödipuskomplex und dessen Auflösung. Zunächst wetteifert der kleine Junge mit dem Vater um die Gunst der geliebten Mutter. Jeder kleine Junge sagt irgendwann einmal: „Ich heirate die Mama."

Dann aber muß er begreifen und akzeptieren – besonders auf das Akzeptieren kommt es hier an – daß die Mutter mit dem Vater verheiratet ist. Ich muß werden wie der Vater – so die neue Wahrnehmung des Jungen – um später einmal selbst eine Frau (wie die Mutter) für mich zu gewinnen. Die Lösung des Ödipuskomplexes liegt also im schmerzhaften Verzicht und in der Verlagerung der Energie auf ein neues Ziel, nämlich zu werden wie der Vater: „Väter, die wollen, daß ihre Söhne in ihre Fußstapfen treten, und Söhne, die ihre Väter werden wollen."[104]

Der zweite und zusätzliche Weg bestand und besteht in der *Initiation*. In der Feier der Initiation wurde die alte, noch vorhandene Mutterbindung gleichsam gewaltsam gebrochen. Initiationsriten, so unterschiedlich sie in den einzelnen Kulturen auch sein mögen, sind universal und sie sind immer hoch besetzt. Sie sind gesellschaftlich höchst wichtig: „Alle Jungen haben ihre Geschlechtsrolle zu lernen. Keine Gesellschaft kann es sich erlauben, daß diese grundlegende Trennung vernachlässigt wird."[105]

Der amerikanische Ethnologe Frank W. Young beschreibt die Funktion dieser Einweihungszeremonien für heranwachsende Männer sehr einprägsam. Der Knabe muß umfassendes Wissen über alle männlichen Aufgaben erlangen, die ihn in seinem Leben erwarten. Aber die wirkliche Initiation geht weit über äußeres Lernen und Wissen hinaus: „Dies ist mehr als ein Lernen, wie man jagt oder pflügt, wie man tötet und wie man mit Frauen umgeht. Der Junge muß lernen, die Welt vom Standpunkt der erwachsenen Männer zu sehen. Er muß sich mit den Männern identifizieren, indem er *ihre* Erklärungen von Gegebenheiten zu den seinen macht."[106]

Schon während der frühen Kindheit, Jahre vor dem Zeitpunkt der Initiation, hat der Junge – wie Young betont – natürlich schon den Männern bei ihren Arbeiten und sonstigen Handlungen zugeschaut. Und umgekehrt, die Männer, die Onkel, Großväter und die älteren Brüder haben auch ihrerseits dem heranwachsenden Jungen die meisten notwendigen Kulturtechniken gezeigt oder zumindest intensiv vorgelebt.

Bei der Initiation geht es um inner-seelische Prozesse, um die Veränderung der Wahrnehmung und der Blickrichtung: „Eher eröffnet die Initiation dem Jungen einen Zugang zu einer anderen symbolischen Welt. Die Männer lassen ihn hinter der Bühne zu ihrer ‚Vorstellung'

zu, wobei er von jetzt an von allem Tun der Frauen ausgeschlossen ist. Nun beginnt das wirkliche Lernen, und
nur einige bedeutsame Erfahrungen – z.B. zu hören, wie
ein Mann über die Frauen lacht – sind notwendig, um
den Jungen die volle Skala der Vorstellungen verstehen
zu lassen, die er zuvor nur dunkel erahnte. Wenn er
dann aus der Zeremonie hervorgeht, stellt er sofort fest,
daß die Frauen und kleinen Jungen ihn anders behandeln. Er hat sich ja zuvor an ihrer Stelle befunden und
dabei auch schon die Gegenrolle erlernt, die er nun angenommen hat. In allerkürzester Zeit gewöhnt er sich
daran, die ‚Person‘ zu sein und von den Nicht-Initiierten
als den ‚anderen‘ zu denken. Unter diesen Umständen
erfolgt das Lernen schnell, sicher und zufriedenstel-
lend."[107]

Das Zusammenspiel von beidem nun, von der konti-
nuierlichen, alltäglichen Gegenwart des Vaters ebenso
wie der zeitlich punktuellen (kurzen aber intensiven)
Initiation, fehlt bei der Mehrzahl der Jungen heute so gut
wie immer. Bei *allen* fehlt die Initiation (es sei denn,
man wollte die religiösen Einweihungsfeste wie Konfir-
mation und Bar-Mizwa als solche gelten lassen). Und bei
vielen fehlt der leibhaftige Vater.

Die französische Psychoanalytikerin Annette Fréja-
ville[108] geht davon aus, daß alle kleinen Jungen eine
Phase der *primären Homosexualität* durchleben, wo sie
durchaus in den Vater verliebt sind nach dem Motte:
„Wenn ich groß bin, will ich sein wie Papa". Der Vater
seinerseits spiegelt dieses Begehren des Knaben nicht
nur wider, sondern er treibt den Spiegelungsprozeß
selbst aktiv an: „Seht nur! Das ist mein kleiner Sohn!

Mein Fleisch und Blut: Was er schon alles kann! Er macht es schon wie ich."

Und wir können uns ausmalen, was der kleine Junge schon alles wie sein Vater macht. Als erstes natürlich pinkeln. Später schnell laufen, boxen, ein Werkzeug halten, Witze machen und so weiter. Der Vater fühlt sich selbst angetrieben durch die Fortschritte seines Sohnes. Er fühlt sich geschmeichelt und geehrt, als wäre es seine eigene Leistung. Die Psychoanalytikerin Jessica Benjamin schreibt: „Freilich kann dieser Identifizierungsvorgang nur dann gelingen, wenn er reziprok ist; wenn der Vater sich mit seinem Sohn identifiziert und sich ihm zur Verfügung stellt. Wie es scheint, reagieren Väter auf das Identifizierungsbedürfnis ihrer Söhne positiver als auf das ihrer Töchter. Väter ziehen ihre männlichen Kinder vor und stellen eine stärkere, auf Identifizierung beruhende Bindung her, die von einer größeren gegenseitigen Zuneigung und einer wechselseitigen Identifizierung im Kleinkindalter gefolgt wird."[109]

Diese an sich gesunde, für alle Beteiligten förderliche Haltung kann aber auch übertrieben werden und sich dann negativ auswirken. Es gibt Eltern, die alle ihre eigenen Wünsche in ihr Kind hineinprojizieren. Das Kind muß nicht nur so gut sein wie sie selber – so schön, so klug, so stark – sondern es soll möglichst noch die eigenen unerfüllten Lebenswünsche verwirklichen: Studieren, Ballett tanzen, Klavierspielen. Solche Eltern verwechseln das Kind gewissermaßen mit sich selbst. Sie nehmen nicht das andere Wesen des Kindes wirklich wahr.[110]

Ich lese einen Zeitungsbericht, der mich beeindruckt:

Er handelt von einem amerikanischen Baseball-Spieler und seinem Sohn. Unmittelbar nach der Geburt ist der stolze Vater voll von zukünftigen Wünschen, Lebensentwürfen für sein Kind: „Here's my little baseball star." Allmählich aber und dann definitiv nach etwa zwei Jahren erkennen die Eltern, daß ihr kleiner Sohn autistisch ist. Der Vater gibt alle seine ehemaligen, mit dem kleinen Stammhalter verbundenen Ambitionen auf und er *wechselt das Ziel.* Allen sportlichen Ehrgeiz läßt er hinter sich und sieht nun seine größten Erfolge und tiefste Befriedigung in winzig kleinen Schritten des Sohnes. Zum Beispiel darin, eine Gabel in der Hand zu halten oder im Spiel den Blick des Kindes zu erheischen. Vater und Sohn beginnen sich nun auf eine ganz neue Weise zu „spiegeln", nicht mehr selbstbezogen und ehrgeizgetrieben: „Dougie und ich haben eine wirklich gute Vater-Sohn-Beziehung. Sie existiert einfach. Es ist in seinen Augen, ich kann es sehen," sagt der Vater Doug Flutie.[111]

Indem der Vater – nicht nur Doug Flutie, sondern jeder Vater – seinem Sohn entgegenkommt, indem er seinen ursprünglichen (ego-zentrierten) Ehrgeiz überwindet und sich innerlich ganz auf das andere Wesen des Sohnes einläßt, kräftigt er diesen in seinem Selbstbewußtsein und später in seiner Männlichkeit. Der Junge weiß sich ihrer nun sicher, und auf der Basis dieser Sicherheit kann er sich dann später den Mädchen und Frauen zuwenden. Homosexualität also, in einem weiten Sinn, auch gelebt mit anderen Vaterpersonen, Lehrern, Pfadfinderführern, Kameraden usw., sollten wir als ein normales und gleichsam notwendiges Durchgangsstadium verstehen.

126

Im Falle der Vaterlosigkeit wird die Sehnsucht nach dieser Art von männlicher Spiegelung – „so sein wie Du!" – in der Kindheit niemals real erfüllt. Und es liegt die Vermutung nahe, daß die Triebkraft, die später zur männlichen Partnerwahl hintreibt, aus genau dieser unbewußten Quelle gespeist ist: „Hier finde ich endlich meinesgleichen". „Hier werde ich gespiegelt. Hier kann ich meine Sensibilität, die Summe aller meiner Sehnsüchte endlich leben. Und gleichzeitig bin ich erlöst von der Umklammerung der Mutter, der Frau."

Auch für Frauen kann Vaterlosigkeit eine entscheidende Rolle für homoerotische Partnerwahl spielen. Genauso wie es für die Jungen schwer ist, sich aus der mütterlichen Umklammerung zu befreien, ist dies auch für Mädchen der Fall, dies allerdings führt in eine andere Richtung.

Die Umklammerung mit der Mutter in der engen Mutter-Tochter-Familie (Brüder lassen wir hier aus dem Spiel) ist häufig gespeist von mehr oder weniger Antipathie gegen die Männer. Häufig machen alleinstehende Mütter ihre heranwachsenden Töchter zu Vertrauten und Komplizinnen gegen die *böse*, aggressive Männerwelt: „Männer gehen weg, Männer sind böse, Männer sind gewaltsam, Männer vergewaltigen". Diese Mütter übertragen unbewußt ihre negativen Phantasien auf die Töchter. Als Gegenwelt und Trost bieten sie der Tochter eine liebevolle, behütete, konfliktfreie, vor allem aber *kuschelige* Familie, nach dem Bild der einstigen paradiesischen Mutter-Kind-Symbiose, wo die Männer keinen Platz haben, wo Männer stören. Das innere Bild des Vaters, der Vater-Imago im Kopf und im Herzen des klei-

127

nen Mädchens, ist in diesem Fall verknüpft mit Aggression, Gewalt und Vergewaltigung und gleichzeitig der Angst, von ihm verlassen zu werden.

Ohne auch nur annähernd an die Gründe und die Vielschichtigkeit der lesbischen Partnerwahl rühren zu wollen, kann man doch häufig folgende Beobachtung machen: Viele lesbische Frauen ersehnen unbewußt die Wiederherstellung genau jener „kuscheligen" Mutter-Kind-Symbiose in ihrer Beziehung zu der anderen Frau. In der lesbischen Sexualität erhält die Zärtlichkeit, die bei den Männern so stark vermißt wird, einen übermäßig großen Raum. Bis in die Sprache hinein spiegelt sich häufig die einstige Mutter-Kind-Symbiose (*süß, weich, kuschelig*). Weniger das aus der Polarität, aus Konfrontation und Konflikt erwachsene Reifen, als vielmehr die gegenseitige Spiegelung scheint ein Hauptmuster lesbischer Partnerwahl zu sein.

Am auffallendsten an der weiblichen Homosexualität ist allerdings (und dies ganz anders als bei den männlichen Homosexuellen) die häufig anzutreffende aktiv-aggressive Ausschließung des anderen Geschlechts aus ihrer eigenen Frauenwelt. Das Böse, das Phantasierte, der Wolf muß magisch gemieden werden, damit er das Rotkäppchen nicht verschlingt.

19. Kapitel:

Moderne Familien

„Ich hab zwei Brüder, zwei Halbbrüder, eine Halbschwester, drei Stiefbrüder eine Stiefschwester, drei Stiefmütter – zwei frühere und die jetzige – einen Stiefvater, zwei Stiefgroßmütter und einen Stiefgroßvater. Und das sind nur die, die ich kenne ..." Er hielt verwirrt inne, als wäre er beim falschen Finger gelandet. „Ach so, ja!" sagte er. „Und Mum und Dad natürlich."

Anne Fine

Wir wissen es alle – und nichts führt an dieser Erkenntnis vorbei – die klassische Familie alten Stils, Vater – Mutter – Kind, ist tot. So jedenfalls proklamiert es der Soziologe David G. Cooper in seinem Buch „Tod der Familie"[112] und so sagen es unsere Erfahrungen ringsum. Aber dies ist doch allzu einfach. Viel aufregender ist es, den großen Widerspruch in der modernen Familie wahrzunehmen: „Der Familienzusammenhalt geht immer mehr verloren, aber die Sehnsucht nach Befriedigung und Erfüllung in der Familie wächst." So formuliert es der Amerikaner J. Walker Smith.[113]

Die traditionelle Familie stellt nicht mehr die einzige Richtschnur für die Mehrheit der Bevölkerung dar. Statt dessen nehmen andere familiale und familien-ähnliche Zusammenschlüsse in den vergangenen Jahrzehnten sprunghaft zu. Ich gehe immer noch davon aus, daß die meisten Menschen, wenn sie heiraten, eine Scheidung bewußt nicht einkalkulieren, beziehungsweise sie nicht herbeiwünschen. Scheidung entspricht nicht dem ursprünglichen Vorsatz, den Zielen, die man mit der Heirat verband. Um so schmerzhafter trifft es dann viele Männer und Frauen, wenn es doch zur Scheidung kommt, vor allem, wenn Kinder im Spiel sind.

Nach der Scheidung lebt in den meisten Fällen ein Elternteil mit einem oder mehreren Kindern, und zwar in der Mehrzahl Frauen (in Deutschland etwa 90 %). Aber dieses nicht lange. Oft war ja ein neuer Partner überhaupt der Scheidungsgrund – einer verliebt sich und begehrt daraufhin die Scheidung. Und auch wenn es diesen neuen Partner nicht gleich gibt, irgendwann erscheint er dann doch, *der Neue*. Er erscheint in verschiedenen „Gewändern": Der Mann, der plötzlich auf dem Sofa sitzt (aber wieder verschwindet). Oder: Der Mann, der morgens am Frühstückstisch Platz nimmt (und vielleicht wieder verschwindet). Oder: Der Mann, der mit in die Ferien fährt und die Vater-, nein, zunächst einmal die Freundes- und Kumpelrolle probt. Aber alle wittern es, daß es der feste Freund der Mutter ist, der darauf lauert, Vaters Platz einzunehmen.

Es gibt entsprechend viele unterschiedliche Arten, wie die Mutter den neuen Partner in die Familie einführt. Manchmal überrascht sie die Kinder, manchmal bereitet sie die Begegnung strategisch gut vor: „Seid doch bitte nett zu ihm."

Die Begegnung mit den Kindern der Geliebten ist für Männer oft irritierend. Viele dieser plötzlichen Väter fühlen sich selbst überrumpelt, wenn sie, nicht einge-

130

übt, gleichsam wie die Jungfrau zum Kinde kommen und nun als Vaterperson oder zumindest als Vaterersatz dienen sollen und/oder auch wollen. Sie reagieren unterschiedlich: „Ich will euer Kumpel sein." Oder: „Ich will alles mit euch teilen." Oder: „Ich will euch nicht zu nahe treten." „Ich will euch ein guter Vater sein, besser als der alte," sind nur einige der Signale, die sie den Kindern vermitteln.

Moderne Scheidungsbücher setzen oft ihren Ehrgeiz darein, in diesen kritischen Phasen guten Rat zu erteilen. Wenn die Erwachsenen sich wirklich lieben – so argumentieren sie – dann müsse es auch Wege geben, die Kinder in das neue Familiengefüge einzubeziehen. Wenn nur alle flexibel und motiviert sind, muß die Patchworkfamilie, bunt zusammengewürfelt wie die gleichnamigen Decken, doch funktionieren. Zweierlei wird dabei außer acht gelassen oder unterschätzt:

Erstens: Trotz der hohen Scheidungsquoten ist das Wesen des Familiengefüges – selbst wenn uns dies nicht immer bewußt ist – in den tieferen Schichten der Seele auf Dauer begründet, auf Vergangenheit, Gegenwart und Zukunft: „Wenn du tief in Deine Handfläche schaust, siehst du dort deine Eltern und alle Generationen deiner Vorfahren. Sie alle sind in diesem Augenblick lebendig. Jeder ist in deinem Körper gegenwärtig. Du bist die Fortsetzung all dieser Menschen."[114] Familie läßt sich nicht wie ein modernes Team im Sport, im Arbeits- oder Freizeitbereich leicht organisieren oder gar manipulieren. Oder umorganisieren. Zu tief gehen ihre Wurzeln.

Zweitens: In das Familiengefüge gehen stark emotionale Kräfte ein, die den neuen, so gut gemeinten Patch-

131

work-Arrangements oft zuwiderlaufen. Wie beispielsweise, wenn diese Arrangements in den neu zusammengewürfelten Familien nicht klappen? Was zum Beispiel, wenn von jeweils einer Seite, entweder von seiten des Kindes (oder der Kinder) oder von seiten des neuen Partners unüberwindbare Widerstände errichtet werden? Schauen wir uns die möglichen Barrieren an:

Die Barrieren von seiten der Kinder:
Nahezu alle Kinder aus geschiedenen Ehen wünschen sich offen oder insgeheim, daß die Trennung der Eltern rückgängig oder ungeschehen zu machen sei. Dies wünschen die Kinder auch dann, wenn der eigene Kopf ihnen einhämmert: „Die Trennung ist richtig und gut." Offen ausgesprochen oder aber in ihren Träumen und Phantasien ersehnen die allermeisten Kinder die Wiederherstellung der Familienharmonie, die ihnen verloren gegangen ist. Dies geht soweit, daß viele Scheidungskinder noch Jahre danach, selbst als junge Erwachsene,

> „‚Ich habe mich entschlossen, wieder zu heiraten.' ‚Nein!', sagt das Kind laut. Es klingt wie ein Schrei. Dann wiederholte es leise: ‚Bitte, nein, Vati, bitte nein, bitte, bitte nein!'"
>
> Erich Kästner, Das doppelte Lottchen

und selbst wenn sie das Elternhaus längst verlassen haben, sich insgeheim an die Hoffnung auf Wiederversöhnung der Eltern klammern.

Solange die Mutter allein mit den Kindern lebt, solange der leibliche Vater *nur* weg ist, ist er doch in der Phantasie des Kindes noch lange nicht verloren: Wie, wenn sich die Tür öffnete und er kommt plötzlich herein? Tatsächlich kommt er ja, sein Besuchsrecht nutzend, manchmal wirklich zur Tür herein. Wie, wenn der Vater herbeizuzaubern wäre? Wie, wenn er nun ganz bliebe?

Der neue Freund der Mutter aber, vor allem, wenn er in die mütterliche Wohnung einzieht, droht genau *diese* Hoffnung zunichte zu machen. Da ist nun der andere, der auch mit Macht seine Position aufbauen und halten möchte. Genau dies aber wollen die Kinder verhindern. Sie wollen nicht Stiefkinder *des Neuen* werden (oder *der Neuen*), sie wollen sich weiterhin in die verlorengegangene Vater-Mutter-Kind-Einheit phantasieren. Und da stören der Stiefvater, die Stiefmutter massiv.

Nun entspannt sich gewöhnlich ein erbitterter Krieg. Ich kenne Kinder, die mit konsequenter Verbissenheit jede wirkliche Kontaktaufnahme mit dem Stiefvater verweigern. Sie erklären gar nicht einmal richtig den Krieg, sondern signalisieren nur kontaktlose Abwehr. Ich kenne andere Kinder, die ihren Müttern unmißverständlich deutlich machen, daß sie den neuen Vater nicht riechen können, daß sie ihn nicht in der Wohnung haben wollen. Wieder andere üben eine heimliche Kriegsführung dadurch aus, daß sie ihren neu errungenen Platz im mütterlichen (ehemals elterlichen) Schlafzimmer nicht räumen und regelmäßig nächtliche Szenen veranstalten. Das subversive Einnässen des mütterlichen Bettes bleibt zum Glück meist den jüngeren Kindern vorbehalten.

Wiederum andere Kinder, und vorzugsweise stark mit ihrer Mutter identifizierte kleine Mädchen, reagieren auf noch andere Weise: Sie *teilen* sich die Liebe zu dem neuen Freund mit der Mutter, geben sich schwärmerisch ein in diese neue Beziehung. Oft aber, und dies nehmen die Erwachsenen in ihrer Begeisterung über das Gelingen der neuen Familie nicht wahr, geschieht dies um den Preis von Schuldgefühlen des Mädchens gegenüber seinem leiblichen Vater. In den Augen des kleinen Mädchens nämlich ist es jetzt nicht mehr der Vater, der es böse verlassen hat, sondern es selbst wird zur Verräterin am Vater. Dieses Gefühl aber bewahrt das Kind im Innern und verdrängt es, um die geliebte Mutter zu schonen.

Eine andere häufig gewählte Reaktionsweise ist die Indifferenz. Was heißt das? Es gibt eine Art von Gleichgültigkeit, die von ihrem Wesen her nicht auffällt, in seiner Ausübung und Wirkung gleichsam neutral wirkt. Was ich hier beschreibe, ist etwas anders: Kinder, die eigentlich mit mehr oder weniger heftigem Affekt reagieren müßten, wenn ein neuer Mann ihre Hauptphantasien (nämlich die auf Vereinigung des getrennten Elternpaares) zerstört, sie reagieren, als wenn sie völlig außerhalb des Geschehens stünden, als ginge es sie gar nicht an, wer da in ihrer Mutter Reich eindringt.

Erinnern wir uns: Genau dies war Thierrys Haltung. Und dies war auch, soweit ich es beobachten konnte, die Haltung der anderen, der Freunde von Thierry in ähnlicher oder gleicher Situation. Die Kinder hatten sich, so scheint es mir, hinsichtlich der wechselnden Freunde der Mutter abgeschottet, vielleicht auch resigniert: Sie wußten, daß sie geduldet werden mußten, sie wußten auch, daß sie meist wieder verschwinden würden, und – klug wie Kinder sind, wenn es um den Schutz ihrer Seele vor Verletzungen geht – haben sie sich entschieden, sich rauszuhalten. Dies macht natürlich, wenn der neue Freund der Mutter doch ein persönliches Interesse an den Kindern hat, die Kontaktaufnahme für ihn schwierig.

Immer wieder treffen wir auf fundamentale, nicht zu überwindende Widersprüche. Das Kind, das vom eigenen Vater verlassen wurde, fragt nach ihm. Es beklagt den Verlust. Es will wissen, wo der Vater ist. Es will erfahren, was er tut und mit wem er jetzt zusammen lebt. Die Existenz des neuen Freunds der Mutter bringt alle diese Fragen zum Ersticken. Am liebsten, so spürt das Kind, sollte der *alte* Vater gar nicht mehr erwähnt werden, vielleicht sogar tot sein, damit nichts mehr an den Erzeuger des Kindes erinnert. Oberflächlich, äußerlich wird auch weiterhin von dem leiblichen Vater gesprochen. Das Kind aber spürt diesen Konflikt, es lebt voll darin. Es besitzt ein sensibles, empathisches Gespür für die Wünsche der neu verliebten Mutter. Sicher verändert sich ihre Stimme, wenn sie von dem einen oder dem anderen spricht. Und wie gesagt, da diese Widersprüche meist unausgesprochen sind, dem Kind auch durchaus nicht immer voll bewußt und daher nicht zugänglich, schiebt es den Konflikt beiseite, verdrängt. Gelebt wird dann eine zwar äußerlich funktionierende neue Familiengemeinschaft. Mit dem Schmerz der Verdrängung aber bleibt das Kind allein.

20. Kapitel:

Die Barrieren des neuen Vaters
oder der neuen Mutter

„Brüderchen nahm sein Schwesterchen an der Hand und sprach:
‚Seit die Mutter tot ist, haben wir keine gute Stunde mehr;
die Stiefmutter schlägt uns alle Tage, und wenn wir zu ihr
kommen, stößt sie uns mit den Füßen fort. Die harten
Brotkrusten, die übrig bleiben, sind unsere Speise, und dem
Hündlein unter dem Tisch geht's besser: dem wirft sie
doch manchmal einen guten Bissen zu. Daß Gott erbarm,
wenn das unsere Mutter wüßte! Komm, wir wollen
miteinander in die weite Welt gehen.'"
Brüder Grimm: Brüderchen und Schwesterchen.

Schauen wir uns nun an, welche Barrieren nicht mehr
vom Kinde her, sondern von der Seite des neuen Vaters
her einer guten Stiefvater-Kind-Beziehung entgegenste-
hen. Danach betrachten wir auch die Perspektive der
Stiefmutter.

Im Idealfall schließt der Mann, der in eine Frau mit
Kind oder mehreren Kindern verliebt ist, jene auch in
seine Liebe und Sorge ein. Der Mann, besonders im Stadium der ersten Verliebtheit, ist entzückt von der Frau
mit ihren Töchtern, und fühlt dabei fast so etwas wie
eine Verdoppelung, Verdreifachung und Vervierfachung
seines Glücks. Der neue kleine Sohn fordert seine kame-

radschaftlich-väterliche Seite heraus, eine Aufgabe, die der neue Vater häufig auch gern übernimmt.

In der Mehrzahl der Fälle wandelt sich dieses anfängliche Glück des Stiefvaters spätestens in dem Moment, wo innerhalb der neuen Beziehung ein neues Kind, und nunmehr sein eigenes, geboren wird. Hier beginnt dann das, was ich an anderer Stelle ausführlich beschrieben habe, nämlich der Spiegelungsprozeß zwischen Vater und Kind, aus dem die übrigen Geschwister und Stiefkinder strikt ausgeschlossen sind. Wenn das eigene Kind geboren ist – „mein Fleisch und Blut", so archaisch dies auch klingen mag, die Seele *denkt* so – dann beginnt dieses freudig-stolze Wiederentdecken des Vaters selbst im nunmehr eigenen Kind: „Schaut nur, ganz wie ich! Er/sie wird ganz wie ich." Ein Vorgang, von dem die übrigen Geschwister ausgeschlossen sind. Sie sind „Kinder aus einem anderen Bett."[115]

Dies mag manchen zu stark vereinfachend scheinen, ist es aber nicht. Die Mutter, die das Kind schon neun Monate ausgetragen und nun geboren hat, sie kann sich ihrer starken Position sicher sein. Sie trägt den sichtbaren Beweis ihrer mütterlichen *Potenz* in ihren Armen und sie bedarf nicht der Worte, um sich im Kind und das Kind in sich zu spiegeln. Der Vater hingegen hat dieses Bewußtsein in der Regel nicht. Er muß es sich täglich neu erzeugen und er tut dies für sich selbst und für das Kind und für alle Welt vor allem sprachlich-gedanklich. Dieser Prozeß also setzt bei der Geburt des gemeinsamen Kindes der Mutter mit dem neuen Vater ein. Da tritt dann meist eine offene Differenz der Behandlung der eigenen und der Stiefkinder ein. Nicht, daß die Stiefkin-

der plötzlich schlechter behandelt werden, wobei es natürlich auch dies gibt. Allein diesen Wechsel der
Perspektive des Vaters erleben die Stiefkinder empha-
tisch als Verlust. Sie spüren, daß die Liebesenergie von
nun an ganz von dem neugeborenen, dem leiblichen
Kind aufgebraucht wird.

Äußerlich ist alles normal. Das Leben geht weiter, alles funktioniert. Aber die Stiefkinder haben eine Ahnung (und sie haben dies *nicht* aus den Märchen gelernt), daß es eher eine Pseudo-Normalität ist. Sie
empfinden mit ihrem zarten Gespür Dinge, die die Erwachsenen nicht auszusprechen wagen. Sie wissen, daß
die Liebe des Stiefvaters *Ersatz* ist und daß die wirkliche
Liebe dem anderen gilt.

Wir sprachen bisher nur von Vätern. Aus mehreren
Gründen. Vor allem natürlich weil, wie mehrfach wie-
derholt, die Mehrzahl der Scheidungskinder bei ihren Müttern
bleibt. Aber auch die andere Situation, Kinder, die bei ihrem Vater
bleiben (die Mutter ist ohne sie
weggegangen) wollen wir hier anschauen. In gewisser Weise ist die
Situation ganz analog: Wenn der
Vater seine neue Freundin in die
Familie aufnimmt, wird auch hier-
mit die Hoffnung, daß er doch ei-
nes Tages die leibliche Mutter wieder zurückholt, infra-
gegestellt bzw. zunichte gemacht.

Allerdings gibt es einen großen Unterschied: Ist es
nicht auffallend, wie häufig in den Märchen die Stief-

> *„Eine brave Mutter gibt
> ihren Stiefkindern ein
> gleich großes Stück
> Kuchen wie ihren
> eigenen Kindern, aber
> sie gibt es auf eine
> andere Art".*
>
> Prisca Gloor Maung

mutter als böse, als neidisch und sogar vernichtend dargestellt wird? Stiefväter dagegen nie oder nur selten. Väter brauchen – wie ich oben dargestellt habe – sprachlich-gedankliche Beweise ihrer Vaterschaft, um sich im Kind zu spiegeln. Mütter *haben* den realen Beweis ihrer Mütterlichkeit in sich. Wenn nun eine zunächst kinderlose Frau in eine bestehende Vater-Kind-Familie hineinheiratet, so wird sie durch die Existenz der Kinder fortwährend an ihr eigenes *Nicht-Haben* erinnert.

Dies kann durchaus milde Formen haben. Es kann in ihr der Wunsch erwachen, selbst Kinder zur Welt zu bringen. Es kann aber auch heftiger sein und der Frau ein Gefühl von Verlust, Versagen oder Makel verursachen. Bei allen Stiefmüttern im Märchen ist Neid das Hauptmerkmal. Der Neid sticht ins Auge: Grüner und gelber Neid auf die leibliche Mutter des Kindes oder auf das Kind selbst, was manchmal gar nicht mehr trennbar ist. Dabei wissen wir, Neid trägt seine Quelle in der Sehnsucht, in unerfüllter Sehnsucht.

Natürlich sind Frauen heute nicht wie die Stiefmütter im Märchen. Sie sind modern sozialisiert. Natürlich, wenn sie selbst Stiefmütter werden, vergiften und strangulieren sie nicht ihre Stiefkinder – oder backen und braten sie gar. Aber wer Kinderträume kennt, der weiß, wie häufig auch heutige Kinder heimlich befürchten, von ihren Stiefmüttern – ganz normalen Lehrerin-

> *„Du wirst dich schneller, als du glaubst, in den neuen ungewohnten Zustand finden. Böse Stiefmütter kommen nur noch in Märchen vor.'"*
>
> Erich Kästner,
> Das doppelte Lottchen

139

nen, Kassiererinnen oder Bibliothekarinnen – in den Ofen gesteckt zu werden, auf Inseln verbannt oder wie kleine Kätzchen in Säcken versenkt zu werden. Auch moderne Kinder spüren die Impulse der Stiefmütter.

21. Kapitel:

Großeltern und andere Verwandte

„Und bis zum heutigen Tag lasse ich mir nicht ausreden, daß ein Kind nicht nur Eltern, sondern auch einen Haufen Großeltern, Tanten und sonstige Menschen braucht."
Eva Demski

Familie besteht aber nicht nur aus zwei Generationen. Familie besteht und bestand in der Vergangenheit immer aus einer Kette, einer Aneinanderreihung mehrerer Generationen, bis hin zu vier und bisweilen sogar fünf. Dabei hatte jede Generation ihr besonderes Wesen inne, ihren besonderen Stellenwert. Es gibt dieses wunderbare Foto, auf dem Thomas Mann mit erhobenem Zeigefinger seinen Enkeln Geschichten erzählt. Welches Kind möchte nicht mit jenen Enkeln tauschen und eintauchen in die Geschichten des Großvaters.

Das Wort *Geschichte* leitet sich her – dies vergessen wir gern – von *Geschichten* oder umgekehrt: Aus den aneinandergereihten, von Generation zu Generation ursprünglich mündlich erzählten Geschichten konstituiert sich das, was wir heute als *Geschichte* begreifen. Und dieses Geschichtenerzählen oblag traditionellerweise den Großeltern oder den Urgroßeltern. Sie verfügten meist über einen kontemplativen Raum, wo Zeit und Muße war, anders als bei den Müttern und Vätern, die an die Zeitabläufe ihrer Haus- und Berufsarbeit gebunden waren (und sind).

Viele ältere Männer – mit und ohne Kinder – möchten sehnlichst gern Großväter sein. Sie möchten, aus einem Gefühl tief aus dem Bauch heraus, das Moment der Dauer, der Fortdauer in sich spüren: „Ja, das Leben geht weiter. Das Leben geht über mich, über meine Kinder hinaus. Ich kann abtreten, das Leben geht weiter." Sie möchten als Zeugen einer vergangenen und vom Vergessen bedrohten Zeit noch einmal von allem erzählen, noch einmal Zeugnis ablegen. Seinem Wunsch, zu berichten, entspricht genau das Verlangen des Kindes, „Großvater, erzählt mir vom Krieg. Erzähle mir von der Zeit, als noch Straßenbahnen fuhren. Erzähl, als Du arbeitslos warst. Erzähl mir von der Zeit, als Mama klein war. Erzähl!"

Der Großvater selbst will sein gebündeltes Wissen, seine Erfahrung, seine Lehren nicht mit ins Grab nehmen. Er will sie um sich streuen wie Samen, damit sie keimen und wachsen. Und dazu braucht er Zeit, die er meist hat, und Enkel, die er manchmal, aber nicht immer hat.

Einmal traf ich im Zug einen älteren Mann, der mir von seinen drei erfolgreichen Töchtern vorschwärmte: Die eine war Apothekerin, die zweite Biologin und die dritte Geigenlehrerin, alle zwischen 35 und 40 Jahren. Der Stolz über die Töchter und ihre schönen Berufe leuchtete in seinen Augen. Aber seine Augen verdunkelten sich und eine Art Trauer legte sich über sein Gesicht, als er erwähnte – und ich bemerkte, daß er es eigentlich runterschlucken wollte – daß alle drei nicht verheiratet seien

und auch keine Aussicht auf Enkelkinder sei: „Und ich
brauche Enkelkinder," sagte er mir als Fremder.

Ich bin überzeugt, daß in den Menschen wirklich eine
Sehnsucht besteht, Großvater und Großmutter zu sein,
daß der Wunsch nach Enkeln einem tief verankerten, ar-
chaischen Bedürfnis entspringt. Wir wünschen uns
selbst eingefügt in eine Kette von Menschen, in Zeit und
Raum. In der *Zeit*, das heißt in der Vergangenheit und
Vorvergangenheit, in Gegenwart und Zukunft, es um-
faßt dieses „Stirb und werde" von dem Goethe spricht.
Raum, das heißt Lebensraum im kleinen und im großen,
in dem Ort, wo wir leben und in dem kosmischen Raum,
mit dem wir alle als Menschen verbunden sind.

Der Dialog über die Zeiten, über die Generationen hinweg, ist lebensnotwendig, nicht nur für die Alten, auch
für die Jungen: Großvater und Großmutter bilden Identi-
fikationsmuster in einem viel weiteren Sinn noch als Vater und Mutter. Mein Sohn Samuel baut sich seine Mu-
sikinstrumente und erinnert sich daran: „Urgroßvater
Samuel war doch *auch* Straßenmusikant." Er verbindet
sich in seiner Tätigkeit mit dem Urgroßvater, den er in
der Realität nie gekannt hat. *Das* meine ich mit Dialog
der Generationen.

Die Namen spielen in diesem Rück-Bindungsprozeß,
in dieser Generationskette eine überaus wichtige Rolle.
Dies wußten die Menschen in der Vergangenheit und
auch einige heutige Kulturen sehr wohl und schufen
deshalb strenge und eindeutige Namensregeln. So spiegelt sich der Enkel oder Urenkel in der Kette seiner Vorfahren und er erfährt doppelt, leiblich und sprachlich,
daß er nicht *zufällig* geboren ist.

Die Zerrüttung bzw. die Zersplitterung der Familien spiegelt sich denn auch heute in der irritierenden, und manchmal sogar grotesken Namensgebung wider. Kinder sind längst nicht mehr durch denselben Namen an Vater und Mutter oder an Großvater und Großmutter gebunden. Sie sind nicht mehr in ihrer Zugehörigkeit erkennbar. Aber Kinder reagieren auf die Namenskonfusionen sehr empfindlich. Was für viele Mütter selbstverständlich ist – nach ihrer Scheidung ihren Mädchennamen wieder anzunehmen und somit einen anderen Namen als die Kinder zu tragen – können viele Kinder nur schwer ertragen, geschweige denn nachvollziehen. Etwas abstreifen, etwas ablegen, etwas nicht haben wollen, bedeutet im kindlichen Verständnis immer etwas *ablehnen*

> *„Jedes Kind braucht Bezugspunkte in Raum und Zeit, denn diese gehören zum Wesen des Menschen."*
>
> Françoise Dolto

Eine enge Bindung an Großeltern fehlt heute immer, oder so gut wie immer dann, wenn Ehen geschieden werden und neue Lebenspartner ins Spiel kommen. Oft geht dabei auch der Kontakt zum Vater und zur Mutter des weggegangenen Elternteils verloren. Einige Kinder mögen es noch verkraften, von einer Oma zur anderen zu hüpfen: „Ich habe zwei Papas und vier Omas!" Aber eine von Zeit, Muße und Vertrauen geprägte Atmosphäre zum Austausch der Generationen, eine Eindeutigkeit in der Generationenabfolge, ist hierbei nicht mehr möglich. In vielen Fällen – seien wir da ehrlich – beschränkt sich das Großelterndasein auf Geschenke und Geldgaben, die mit den Kindern abgezwungenen

Dankeschönbriefen und -telefonaten beantwortet werden.

Abschließend eine kleine Szene, die zeigt, wie irritierend die neuen Familienkonstellationen nicht nur für die Kinder sind, sondern auch für die Großeltern, in diesem Fall die Großmutter. Eine Freundin von mir ist seit langem geschieden und seit sieben Jahren stolze Großmutter. Als ihre kleine Enkelin in die Schule kommt, tut die Großmutter mit Liebe und Vorausplanung, was jede Großmutter tut, beziehungsweise in der Vergangenheit immer gern tat. Sie kauft Wolle, strickt eine Jacke mit hübschen Kindermustern – Häuser, Bäume, Menschen – das Kind soll schön sein für sich und für das Einschulungsfoto. Sie kauft einen gelben Ranzen, weil sonnenblumengelb die Lieblingsfarbe der Enkelin ist.

Drei Wochen vor Schulbeginn, die Jacke ist fertig gestrickt, dann die große Enttäuschung: Die andere, die neue Oma, die Mutter der neuen Ehefrau des geschiedenen Mannes, hatte großzügig Ranzen- und Kleidergeld spendiert und nun war kein Bedarf mehr für Ranzen und Strickjacke. Meine Freundin war zu Recht enttäuscht: Sie hatte das Gefühl, die neue Oma wolle sich in die Enkelin *einschleichen*, und sie selbst glaubte sich als Großmutter *beraubt*. Die kleine Maja aber war hilflos in dieser Situation: Sie kann nur einen gelben Ranzen auf dem Rücken tragen und nur eine Strickjacke am Leib.

22. Kapitel:

Kindheits-Räume

„Sobald ich bei meinem Vater ankam, mußte ich meine Kleider wechseln und meine Haare anders tragen. Wenn ich wieder zu meiner Mutter ging, mußte ich mich dann zurückverwandeln. Ich durfte kein Spielzeug von einem Elternteil zum anderen mitnehmen. Meine Eltern fragten nie, wie es mir beim anderen ging. Ich wagte es nicht, von selbst davon anzufangen. Der andere Elternteil wurde totgeschwiegen."
17jähriges Mädchen, 8jährig bei der Scheidung der Eltern
Prisca Gloor Maung

In früheren Zeiten war die Bindung an die Familie mit der räumlichen Anbindung an das *Vaterhaus* verknüpft. Wenn nun aber die Väter zunehmend verschwinden, dann gibt es auch für immer weniger Kinder das Vaterhaus. Muß nun dieser Verlust so negativ sein? Könnte man nicht mit dem Haus, dem Vaterhaus, viel lockerer umgehen? Könnte und sollte man nicht vielleicht lernen, Räume ähnlich leicht zu wechseln wie Kleider? Um hier eine Antwort zu finden, müssen wir ein bißchen ausholen:

Das Heranwachsen des Kindes, sein Sozialwerden, spielt sich viel weniger als gemeinhin angenommen wird, über Sprache ab. Natürlich wissen wir um die bedeutsame Rolle der Sprache, des Erzählens, wie ich es im letzten Kapitel ausgeführt habe. Viel wichtiger aber für das Kind ist die Gesamtheit der szenischen Strukturen, in denen es aufwächst. Die Realität des Kindes, von der es 24 Stunden am Tag umgeben ist, das ist sein Zimmer, sein mit Kleidern und Spielzeug gefüllter Schrank, seine Schubladen mit den darin versteckten Geheimnissen. Das ist der Tisch, an dem gegessen wird, das sind die Küche, das Wohnzimmer, die Treppen, der Keller und, wenn es Glück hat, der Garten. Später dann ist es der Schulweg, das Klassenzimmer, der Schulhof und einige den Erwachsenen vielleicht verborgene Orte.

Räume bilden ganz wesentlich die äußere Struktur und darinnen bewegen sich und sprechen und schweigen Personen: Vater, Mutter, Geschwister, Oma und Opa, vielleicht noch Onkel und Tanten. Das Kind übt sich, Tag für Tag, beim Aufwachen und beim Einschlafen, Nacht für Nacht, jahraus, jahrein in dieser szenischen und personalen Struktur. Hierin eingehüllt gewinnt es Sicherheit. Hier formt das Kind seine eigene Weltwahrnehmung, seine Gefühlswelt, seine Moral, kurz, seine Individualität.

Wenn in der gegenwärtigen Scheidungsdiskussion über geteiltes Sorgerecht der Eltern gesprochen wird, geht es meistens auch um die Raumfrage. Viele geschiedene Väter und Mütter wünschen sich die Gegenwart der Kinder und

> *„Mütter und Väter, die ihr Bett mit anderen Menschen teilen, sind nicht dieselben Mütter und Väter, die unter einem Dach leben."*
>
> Judith Wallerstein

finden Regelungen, die das Kind sozusagen räumlich zweiteilen. Es gibt nicht mehr Vaterhaus, sondern Vaterhaus und Mutterhaus, und das Kind pendelt in mehr

147

oder weniger ausgeglichenem Rhythmus zwischen den beiden hin und her.

Formal gesehen und vom Standpunkt der Erwachsenen her ist dies eine gerechte Lösung. Nicht aber für die betroffenen Kinder. Für die Kinder bedeutet diese Regelung eine Zementierung der Zweiteilung, an die sie fortwährend und wiederkehrend erinnert werden. Zwar haben sie nun zwei Räume (Häuser, eigene Zimmer), aber kaum fühlen sie sich in dem einen heimisch, müssen sie das Zimmer schon wieder verlassen und wechseln.

Viele solche Kinder erleben chronisch das, was wir als Erwachsene von Reiseerfahrungen kennen: Wir wachen morgens auf und wissen nicht, wo wir uns eigentlich befinden. Schon ein kleines solches Erlebnis nehmen wir als leichte *Erschütterung* unserer Realitätswahrnehmung wahr und haben oft Mühe, uns selbst zu korrigieren, „Ach, ich bin ja im Hotel in Venedig – ich bin nicht bei mir zuhause."

Wir wissen aber noch nicht, wie sich solche *Erschütterungen*, wenn sie von Kindern chronisch erlebt werden, auf ihr späteres Leben, auf ihre Weltwahrnehmung auswirken. Bruno Bettelheim, der erfahrene Kinderpsychologe, beschreibt, wie gerade die Sekunden des Aufwachens morgens überaus empfindliche Momente im Leben des Kindes sind. In der Nacht ist das Ich des Kindes im Traumreich, im Irrationalen gleichsam versunken und muß beim Aufwachen langsam und mühsam wiederaufgebaut werden: „Das Ich muß wieder in seine Rechte eintreten, sonst ist das Kind unfähig, den Kontakt mit der Realität wieder herzustellen, sonst ist es z.B. unfähig, sein Bett zu verlassen."[116] Das zwischen

148

zwei Häusern pendelnde Kind muß sich neben diesem Grundkonflikt zusätzlich vergewissern: Wo bin ich? Bin ich wirklich dort, wo ich glaube zu sein? Es muß jeden Morgen neu Boden unter den Füssen gewinnen.

Die amerikanische Autorin Barbara Dafoe Whitehead beschreibt, wie sehr in der gegenwärtigen Kinderliteratur über die Scheidung gerade dieser Aspekt als ein durchgängiges Motiv erscheint: „Die Umwelt des Kindes, sein Haushalt und seine Nachbarschaft werden viel unsicherer, wenn die Eltern sich trennen. Wenn sie in zwei getrennten Haushalten leben, sind die Kinder permanent unterwegs, dauernd wechseln die Zeitpläne, dauernd ist jemand anderes für sie zuständig. Viele Illustrationen in Kinderbüchern zeigen ein- und auspackende Kinder, Kinder, die in Autos rein- und rausklettern, kommend und gehend, in Begrüßung und Abschiednehmen. Der Koffer des Kindes ist der einzige Fixpunkt in dieser außengeleiteten Kindheit."[117] Auch Whitehead hebt besonders den Verlust des *einen*, Sicherheit spendenden Bettes des Kindes hervor: „Und was wahrscheinlich das am weitesten verbreitete Motiv ist, ist der Verlust des eigenen Schlafzimmers. Mit der Scheidung verliert das Kind meist sein dauerndes, vertrautes Schlafzimmer. Ab jetzt hat es zwei Plätze zum Schlafen oder irgendeinen Schlafplatz in einem neuen Schlafzimmer. Jetzt gibt es nicht mehr, wie früher, das Kinderschlafzimmer als einen feststehenden, sicheren Platz. Jetzt ist es tragbar geworden: ein Schlafsack, eine Klappcouch, zwei Plätze zum Schlafen."[118]

Noch ein weiteres bewirkt diese räumliche Zweiteilung. Ein betroffenes Mädchen drückt es in einem ganz einfachen Satz aus: „Ich habe immer Heimweh." Egal, wo sich das Kind befindet, im Vater- oder im Mutterhaus, immer ist es von dem jeweils anderen getrennt und hat Heimweh. Das Kind leidet sozusagen unter Dauersehnsucht, nie kann seine Seele wirklich zur Ruhe kommen. Nie darf das Kind wirklich Wurzeln schlagen. „Als meine Eltern noch zusammen waren, mußte ich nicht immer den Bus nehmen und ich sah sie jeden Tag. Es ist eine lange, lange, lange Busfahrt. Ich will sie beide sehen, aber so ist es schwer, weil ich immer, wenn ich bei meinem Dad bin, meine Mum vermisse. Und wenn ich bei Mum bin, möchte ich Dad sehen. Jede Nacht fehlt mir jemand."[119]

Immer wieder wird die Frage diskutiert, wieviel Trennung, wieviel Hin- und Herpendeln, wie lange Reisen (in den USA beispielsweise stundenlange Flüge und weite Busfahrten) Kindern überhaupt zumutbar ist. Viele ältere Kinder wehren sich gegen die Forderung, dauernd reisen zu müssen. Jüngere Kinder reagieren, trotz offensichtlicher *Vorfreude* auf das andere Elternteil, häufig körperlich mit Störungen im vegetativen System. Sie bekommen Kopfweh, Fieberschübe, Bauchweh, Hautausschläge oder – als ausdrucksvolles psychosomatisches Signal – Schmerzen in den Knien. An erster Stelle dieser Körper-Reaktionen steht aber das Erbrechen, das die französische Kinder-Analytikerin Françoise Dolto so erklärt:

„Wenn das Kind den Elternteil zu Gesicht bekommt, den es für gewöhnlich nicht sieht, dann kann es zum Erbrechen aus innerer Erregung kommen. Das ist eine psychosomatische Reaktion. Auf diese Weise drückt das Kind etwas aus, was es nicht aussprechen kann: Indem es seinen Mageninhalt wieder von sich gibt, der unbewußt mit ‚Mama' assoziiert wird, schafft es Raum für ‚Papa', denn beide könnten ja in seinem Innersten Krach bekommen, Das Kind entfernt nun alles, was in ihm ist, damit in seinem Inneren kein Krieg ausbrechen kann. Natürlich ist dies eine unbewußte Ausdrucksweise, die das Kind nicht mit Worten erklären kann."[120]

„Eine zentrale Erkenntnis meiner Forschung ist es, daß Kinder sich nicht nur mit Vater und Mutter als einzelnen Individuen identifizieren, sondern auch mit der Beziehung der Eltern als Paar selbst."

Judith Wallerstein

Räume spielen, ich wiederhole es noch einmal, eine extrem starke Rolle für die Seele. An dieser Stelle will ich noch eine Szene einfügen, wo es nicht um Vater- und Mutterhaus geht, aber um *Trennungs-Räume*, in diesem Fall eine Autobahn-Raststätte. Ein junges Paar hat sich getrennt, als das gemeinsame Kind ein Jahr alt war. Die Eltern achteten von Anfang an auf ein *gerechtes* Sorgerecht. Da die Wohnorte der beiden weit auseinander liegen, fanden sie folgende Lösung: Jedes Elternteil fährt allwöchentlich die halbe Strecke, wo sie sich am Freitagspätnachmittag und am Sonntag abend dann an einer Autobahn-Raststätte zur Kindesübergabe treffen. Die Eltern trinken gemeinsam eine Tasse Kaffee, das Kind bekommt seinen Kakao und fährt dann in einem anderen Auto und mit der anderen Person weiter. Woche für Woche, Monat für Monat und inzwischen Jahr für Jahr, abgesehen von wenigen Krankheitsfällen, wird das Arrangement zuverlässig durchgeführt.

Ja, vielleicht lernt das Kind auf diese Weise wirklich

elterliche Zuverlässigkeit kennen. Aber es lernt auch gleichzeitig und unerbittlich die Spaltung seiner Lebensräume, das Abgeschnittensein von dem jeweils einen oder anderen. Und, wenn es ein kluges Kind ist, lernt es dabei auch, Abschiedsschmerz und Trennungsängste möglichst nicht aufkommen zu lassen oder auszuschalten, es lernt, seelisch neutral auf den Wechsel zu reagieren. Sein Weltbild, das dürfen wir schlußfolgern, wird nach einigen Jahren dieser regelmäßigen elterlichen Fürsorge ein gespaltenes sein: Vater und Mutter gehören *nicht* zusammen. Mann und Frau gehören *nicht* zusammen. Ich aber schwebe als Kind dazwischen.[121]

Ob dieses Kind wohl manchmal nachts von Tankstellen träumt?

23. Kapitel:

Wiederholungszwang

„Ich möchte niemals, daß meine Kinder dasselbe erleben müssen wie ich damals."

Judith Wallerstein

Es sind die eben beschriebenen szenischen Strukturen, die das Weltbild des Kindes prägen. An diese gewöhnt sich das Kind, es paßt sich ihnen seelisch an, bis sie schließlich zu seinen eigenen werden. Irgendwann ist das Kind so heimisch geworden in diesen Strukturen, daß es immer wieder versucht, diese wiederherzustellen, zu reinszenieren. Dies ist einer der Gründe, weshalb so viele Ehen von ehemaligen Scheidungskindern in die Brüche gehen.

Natürlich geschieht dies nicht bewußt. Im Gegenteil: Der erklärte Wunsch des frisch verheirateten ehemaligen Scheidungskindes tendiert oft besonders stark dahin, nun selbst, im Gegensatz zu den Eltern, alles ganz anders zu machen, die Ehe ernster zu nehmen und es nicht zu einer Scheidung kommen zu lassen. Besonders jene Betroffenen, die die Scheidung der Eltern als leidvoll erlebt haben, versuchen sich selbst dagegen abzusichern. „Kein einziger Mann und keine einzige Frau aus geschiedenen Familien", schreibt Judith Wallerstein, „wünscht in irgendeiner Weise die Wiederholung ihrer eigenen Erfahrungen. Nicht einer sagte: ,Ich möchte, daß mein Kind in zwei Nestern lebt, nicht einmal in zwei Villen'."[122]

Allerdings, trotz allen bewußten Wollens und trotz bester Absichten setzt sich dann doch häufig in Konfliktfällen – und diese gibt es mehr als reichlich in jungen Ehen – die Tendenz durch, die Konflikte in genau der Weise zu lösen, wie die Eltern es ihnen vorgelebt haben, und zwar durch die Wiederherstellung der alten szenischen Muster.

Die eigenen geschiedenen Eltern, und dies ist die Hauptlektion, die ein Leben lang sitzt, haben die Grundkonflikte ihrer Ehe nicht durch eine aktive Lösungsstrategie überwunden, durch Humor, Nachsicht, Diskutieren oder Kämpfen. Sie haben den Kindern statt dessen die Botschaft übermittelt, Konflikte in der Ehe werden durch Trennung, durch Auflösen des Bündnisses *gelöst*. Es gibt keine andere Möglichkeit, so lautet die unausgesprochene Botschaft. Es bringt nichts, nachzugeben, Kompromisse einzugehen. Es lohnt nicht, Konflikte durch Tricks oder Humor – oder auch beides – zu umsegeln, so wie es die Kinder in der Schule doch tagtäglich lernen müssen. Lösung liegt allein in der Trennung. Es ist leichter, wegzulaufen.

Und diese Lektion, wie gesagt, sitzt. Sie sitzt so tief im Kind, daß sie sich ihm einprägt wie eine Narbe und wie eine Narbe auch Teil des Körpers wird. Ob gewünscht oder nicht, der Körper, das Unbewußte weiß, wie es zukünftig im schlimmsten Fall zu reagieren hat, nämlich mit Trennung.

Wir alle kennen diese Reaktionsweisen aus der Erfahrung. Wie oft geraten wir ins Staunen über so verblüffende, ungeahnte Wiederholungen alter, längst abgetan geglaubter Geschichten. Theoretisch begründet hat dies Sigmund Freud, und er hat diesem Phänomen einen Namen gegeben: *Wiederholungszwang*[123]. Die Seele, um ihrer Harmonie willen, drängt dauernd nach Wiederherstellung der ihr vertrauten Muster. Und dies geschieht zwanghaft, so sehr die vernünftigen Anteile des Ichs sie auch davon abhalten möchten.

Dasselbe, was für den prägenden Charakter von Trennungsverhalten gilt, läßt sich auch auf andere Verhaltensweisen übertragen: Wenn die Eltern dem Kind spürbar Konfliktlösungen vorleben, die *nicht* in Trennung münden, wird sich auch dies im Kind lebenslang niederschlagen. Es wird zwar prinzipiell keine Garantie gegen Scheidung sein, aber es wird Scheidung erschweren, Scheidung gehört nicht zu dem bisherigen Muster.

Jeder weiß, daß es in Ehen, wie im normalen Leben selbst, fette Jahre und magere Jahre gibt, lustvolle und weniger lustvolle, gesunde und weniger gesunde. Und jeder weiß, daß beides abwechselt. Wie, wenn nun beispielsweise die „mageren" Jahre nicht mit permanenten Scheidungsdiskussionen und -drohungen ausgefüllt würden, die das Kind massiv in Angst und Unsicherheit versetzen? Wie, wenn die Eltern den Satz „Wenn dies und jenes nicht geschieht, lasse ich mich scheiden!" ganz aus ihrem Repertoire streichten? Wie, wenn die Eltern statt dessen mit Gelassenheit und Mutmachen reagierten, nach dem Motto: „Das geht vorbei, da kommen wir schon durch"? Wie, wenn die Eltern mehr Dankbarkeit spüren ließen und wenn sie gegenüber den

Kindern klarer unterschieden zwischen banalen familiä-
ren Schwierigkeiten und Problemen, die wirklich an die
Substanz des Menschen rühren, wie schwere Krankheit,
Not, Krieg, Vertreibung und Folter?

Es gibt so viele Weisen, auch magere Durststrecken
über Wochen, Monate und sogar über Jahre zu überbrük-
ken. Leben ist nicht immer Glück. Ehe und Familie bedeuten nicht Anspruch auf Glück.

Das Nicht-Anerkennen dieser Tatsache, daß Familien-
leben auch dunkle, sogar verzweifelte Zeiten einschließt
(„In guten und in schlechten Tagen"), das vorschnelle
Assoziieren von Ehekrise und Auflösung der Ehe führt
schon bei Kindern zu Angst. Der Erwachsene, der als
Kind selbst die Scheidung seiner Eltern erlebte, kennt
diese Angst zutiefst und sie wird bei der geringsten
Krise leicht reaktiviert.

Nun beginnt normalerweise ein Teufelskreis: Die als
Kind durchlebte Angst, verlassen zu werden, wird er-
neut erlebt. Angst ist ein Störfaktor, der viel Lebensenergie an sich bindet. Um sich aber von dieser Angst zu befreien, wird der Erwachsene, eben weil er es so gelernt
und verinnerlicht hat, die Lösungsmuster seiner Eltern
kopieren. Er wird, wie jene, die Erlösung von Angst und
ehelichen Konflikten wiederum nur in der Trennung sehen können, um damit, in strenger Generationenfolge,
sein eigenes Kindheitsmuster weiter zu vererben.

Unser bewußtes, dem Fortschritt und der Aufklärung
verpflichtetes Wollen sträubt sich gegen diese Art des
Fatalismus. Und natürlich gilt das Gesetz des Wiederho-
lungszwanges nicht mit mathematischer Strenge. Aber
wir sollten nicht blauäugig sein. Unser bewußtes Wollen

allein setzt sich nur schwer durch gegen körperlich-seelische Strukturen, die auf bestimmte Verhaltensmuster gepolt sind. Und das Reaktionsmuster Flucht, Auflösung der konflikthaften Ehesituation durch Scheidung, ist ein archaisch-starkes. Die Statistiken sprechen jedenfalls darüber eine klare Sprache.

24. Kapitel:

Kinder wollen keine Scheidung

„An dem Tag, als meine Eltern sich scheiden ließen, war meine
Kindheit zuende."

Judith Wallerstein

Es steht fest: Auch heute noch, wo sich die Familien al-
lerorts auflösen, stellen die Kinder selbst die Familie an
die allererste Stelle. Vater, Mutter und Geschwister, die
Harmonie, beziehungsweise das gute Zusammenhalten
des Familienverbundes sind für das Kind das Wichtigste
im Leben.

Wie kommt es aber, daß diese Auffassung der Mehrzahl der Kinder so elementar mißachtet wird? Hier ist
nicht die Stelle, tiefer in die Psychodynamik der sich
trennenden Paare einzugehen. Dazu ist jedes für sich zu
eigen, zu einzigartig. Allgemein aber kann man feststellen, daß die Ehepaare, die auseinanderstreben, so sehr
an ihre ego-zentrierten Wahrnehmungen gebunden sind,
daß für die Kinder einfach kein Raum bleibt. In der harten Phase der Trennung geht den Erwachsenen das offene oder versteckte Leiden der Kinder so gut wie immer
verloren.

Befreiung ist das zentrale Thema für die Eltern. Sie
schauen vorwärts auf all das, was sie mit ihrer Trennung

158

in ihrem Leben bewirken wollen: eine neue Karriere, ein neuer Partner, ein neuer Ort. Für die Kinder ist hingegen *Verlust* das zentrale Thema: Sie schauen rückwärts auf das, was sie verloren haben, was zerbrochen wurde. In einem amerikanischen Kinderbuch erscheint dieser Verlust in ausdrucksstarken Bildern: „Als ein Junge und dessen Vater für ihren Wochenendausflug zu des Vaters Wohnung die U-Bahn besteigen, wird die Bahn selbst zu einem Erinnerungszug, der Erinnerungen an längst vergangene Familienausflüge wiederbelebt. Wie Bahnstationen flimmert auf jeder Seite des Bilderbuchs ein Bild von Ausflügen mit beiden Eltern auf. Vater, Mutter und Sohn gemeinsam bei einem Picknick. Vater, Mutter und Sohn bei einem Museumsbesuch. Vater, Mutter und Sohn, wie sie von einem Pier aus Schiffe betrachten. Auf der letzten Seite steigen Vater und Sohn an der Spring Street Station aus und sehen der Bahn hinterher, wie sie im Tunnel verschwindet. Der Junge sieht gerade noch seine Mutter, die im letzten Wagen alleine am Fenster steht. Wie die U-Bahn selbst, so gibt es für den Jungen eine dauernde Bewegung zwischen unterschwelliger Traurigkeit und den angenehmen Wochenendausflügen mit seinem Vater."[124]

Natürlich entgeht den Eltern der Schmerz nicht ganz. Natürlich spüren sie ihn, besonders nachts, wenn sie mit sich allein sind. Aber im selben Moment wehren sie diese für sich gefährlichen Gefühle gnadenlos ab. Sobald die ersten Scheidungsphantasien oder -gedanken auftauchen, setzt fast ohne Zutun der Betroffenen eine eigene Dynamik ein. Alle Wahrnehmung wird ab nun selektiv auf Scheidung und ihre Vorteile gepolt. Die Eltern nehmen von nun an nur noch das auf, saugen das auf, was ihrem Vorhaben förderlich ist: Sie kaufen sich Bücher, die ihnen die Scheidung leicht machen, die eine positive Sicht der Trennung vermitteln. Er oder sie sucht Kontakt zu Freunden, die selbst eine „glückliche" Scheidung hinter sich haben und den Beweis liefern, wie gut es einem danach geht. Sie reden sich selbst Mut zu. Sie entdecken in Statistiken, daß sowieso jeder dritte Bürger geschieden ist und beschwichtigen sich, daß sie im Normalbereich liegen. Deshalb brauchen sie sich nicht mit moralischen Skrupeln befassen. Vor allem aber wiederholen sie vor sich und den anderen den berühmten Satz „Es geht uns allen, auch den Kindern besser. Das Leben ist leichter ohne so viel Zank."

„Für Kinder ist es eine angsteinflößende und absurde Vorstellung, eine konfliktreiche Ehe durch Trennung auflösen zu wollen. Ihr Denken ist anders. Für das Kind ist Scheidung die hauptsächliche Ursache für alles Schlimme danach, aber nicht die Lösung aus einer belasteten Ehe."

Judith Wallerstein

Kinder aber denken und fühlen anders. „Nach meinen Einblicken – so schreibt ein erfahrener Psychologe – wollen die allermeisten Kinder keine Scheidung der Eltern, selbst dann nicht, wenn die Eltern viel streiten. Kinder erleben die Eltern anders als die Ehepartner sich gegenseitig erleben."[125]

Was bedeutet schon Streit für Kinder? Streiten sie selbst denn nicht jeden Tag mit den Geschwistern – um ein Stück Kuchen, um Socken, um Kassetten und Spielzeug? Warum, fragen sich Kinder, warum führt *sich streiten* zur Trennung? Warum kann man nicht mehr zu-

sammen unter einem Dach leben, wenn man sich strei-
tet? Warum muß man deshalb ein Zuhause zerstören?

Kinder verstehen all dies nicht. Sie bleiben allein
mit diesen Fragen. Sie haben, beziehungsweise sie entwickeln ein empfindliches Gespür dafür, daß sie fortan
solche Fragen nicht stellen dürfen. Aber es hat fatale
Wirkungen für Kinder, wenn sie die ihnen brennenden
Fragen nicht wirklich aussprechen dürfen. Die Fragen
etwa: „Warum lieben sich Papa und Mama nicht mehr?"
Oder: „Warum ist Papa weggegangen?" Oder „Warum
hat Mama einen neuen Freund?"

Die Blockierung solcher lebenswichtiger Kinderfragen
hat einen nachhaltigen Einfluß auf die Charakterbildung
des Heranwachsenden, des späteren Erwachsenen. Das
Tabu, die oben genannten Fragen zu stellen, bleibt nicht
isoliert bestehen. Es weitet sich auch auf andere Lebens-
bereiche aus, und gerade auf jene, wo Mut, Integrität, wo
Zivilcourage gefragt ist. Oder anders ausgedrückt: Wie
kann das Kind später fragend die Dinge der Welt verstehen, wenn es jetzt die elementaren Dinge der Familie
nicht begreifen kann? Wenn es jetzt nicht mutig fragen
darf?

Erinnern wir uns: Ursprünglich haben Kinder ein ein-
deutiges Verhältnis zur Sprache. Wenn ein kleiner Junge
sagt: „Ohne den Papa hat das Leben keinen Sinn," –
dann *meint* er es so. Dann ist dies seine Wahrheit. Dann
stiftet das Leben für ihn keinen Sinn mehr. Der Junge
weiß dies. Und der Junge weiß es besser als die Erwachsenen.

Nachwort I

"'Mio, mein Mio,' sagte mein Vater. 'Du bist das Liebste,
was ich habe.'"
Astrid Lindgren, Mio, mein Mio

Ein Freund, dem ich mein Manuskript vor der Veröffent-
lichung zum Lesen gab, und dessen Wahrnehmung und
Urteil mir wichtig ist, sagte, das Buch mache ihn traurig:
"Was aber – fragt er mich – was, wenn alles so stimmt,
sollen Ehepaare tun, die sich in echter Notlage befinden?"

Mit dieser Frage hat er den Kern des Problems berührt.
Der Kern des Problems ist nämlich die Interpretation
einer Notlage in der Familie. Wie interpretieren wir es,
wenn der Vater immer murrt, wenn plötzlich Geschirr
durch die Wohnung fliegt und wenn die Mutter weint?

Ganz klar: Ich will hier nicht den Schmerz und die Unzufriedenheit von Eltern in ihrer Ehe verharmlosen. Aber
bedenken wir doch: Unsere Wahrnehmung der Dinge besteht aus zehn Prozent Realität und aus neunzig Prozent
der Interpretation dieser Realität. Das heißt: Wir als Betroffene *deuten*. Wir als Betroffene *interpretieren*, ob eine
Situation für uns gut oder erträglich oder verfahren ist.

Wenn unsere persönliche Toleranzschwelle gering ist,
können wir uns schon am Geringsten reiben und abge-

stoßen fühlen. Das Geringste kann uns in Mißstimmung, in Depression oder Wut treiben. Umgekehrt: Wenn unsere Toleranzschwelle locker ist, weiter gesteckt, können wir auch mit dem Verhalten anderer Menschen, vor allem mit deren Macken, lockerer und weicher umgehen. Wir fallen nicht in Depression, wenn der Partner den Geburtstag oder den Hochzeitstag vergessen hat. Wir geraten nicht in Wut, wenn er ein Versprechen nicht einhält, wenn er uns enttäuscht. Wir fühlen uns – und dies ist wichtig – nicht in unserer Person angegriffen durch eine Nachlässigkeit des anderen.

Kränkbarkeit, die rasche Bereitschaft, sich persönlich-existentiell in seinem Wesen angegriffen zu fühlen, ist einer der stärksten Zerstörer des Familienfriedens. Umgekehrt: Humor, ein nachsichtiges Lächeln über sich selbst und die anderen, ist der größte Heiler des Familienlebens überhaupt.

Humor, Nachsicht und Einsicht können aber niemals entwickelt werden, wenn die Grundlagen der Ehe nicht solide gebaut sind. Die Grundlage der Familie liegt in der bewußten Entscheidung beider Elternteile, den ehelichen Zusammenhalt auf Dauer wirklich zu *wollen*. In früheren Zeiten war dieses aktive, bewußte Wollen der Eheleute gar nicht notwendig. Sie befanden sich, durch das kirchliche Versprechen und durch den sozialen Druck einer scheidungsfeindlichen Umwelt wie unter einer Schutzglocke. Die Ehe war wirklich geschützt: „Ehe war – je nach Kultur verschieden – wie ein fertiges Kleid, in das man nur hineinschlüpfen brauchte; man mußte sich also nur den Sitten, Bräuchen, Geboten und Verboten fügen, dann war ein sozial gedeihliches Leben gesichert."[126]

163

Heute ist die Ehe extrem ungeschützt. Es ist gang und gäbe, sich scheiden zu lassen, wir leben in einer Scheidungskultur. Heute also muß derjenige, der seine Ehe entgegen diesen allgemeinen Strömungen bewahren will, einen extrem starken und bewußten Willen aufbauen. Einen Widerstandswillen sozusagen. Einen Widerstandswillen gegen die unzähligen Verlockungen, doch irgendwann den leichteren Weg zu gehen, vor den ehelichen Konflikten zu kapitulieren, davonzulaufen und sich zu trennen.

Dieser Widerstandswille ist begründet in der gemeinsamen Verantwortung für die Kinder. Er kann wie ein starker Motor sein, voller Energie, die kleineren und größeren Probleme zu bewältigen. Und er ist getragen von einer eindeutigen, langfristigen Perspektive, nämlich den Familienverband zu erhalten.

Ich wiederhole noch einmal: Familie *ist* nicht automatisch Glück. Familie ist kein Garant für Glück. Familie macht manchmal auch traurig. Aber das Unglück der Kinder aus zerstörten Familien ist groß. Der Preis, den die Kinder und Kindeskinder für die Scheidung der Eltern bezahlen, ist zu hoch.

Nachwort II

Vor drei Jahren hatte ich Thierry das erste Mal getroffen. Vor wenigen Wochen nun besuchte ich die Familie ein zweites Mal in ihrer Heimatstadt in Nordfrankreich. Thierry ist nicht mehr wirbelig. Er ist viel stiller geworden. Seine Schwester Marie-Thérèse erkannte uns nicht wieder. In Thierrys Zimmer hängt zwischen vielen Postern ein Foto. Er als Baby im Auto seines Vaters.

Bald nach jenem gemeinsamen Sommer brachte die spanische Braut des Vaters Zwillinge zur Welt: zwei Mädchen, Isabelle und Fernanda. Thierry und Marie-Thérèse schickten Zwillings-Glückwunschkarten. Seitdem haben die beiden ihren Vater nicht wiedergesehen. Thierry erklärt uns: „Mein Vater hat zu viel zu tun mit den Zwillingen. Und außerdem ... ach, was kümmert's mich?" Und er lacht.

Anmerkungen

1 Einen umfassenden Einblick sowohl in das Familienleben der Vergangenheit als auch der Gegenwart bietet John R. Gillis: Mythos Familie. Auf der Suche nach der eigenen Lebensform. Weinheim und Berlin 1997. Die das Kind schädigenden und unter Umständen krankmachenden Momente in der modernen Kleinfamilie beschreibt einprägsam Horst-Eberhard Richter: Eltern, Kind und Neurose. Stuttgart 1975. Bis heute unübertroffen ist das soziologische Standardwerk von Max Horkheimer (Hrsg.): Studien über Autorität und Familie. Paris 1936.

2 Vgl. hierzu Elisabeth Beck-Gernsheim: Was kommt nach der Familie? Einblicke in neue Lebensformen. München 1998.

3 Joseph Goldstein, Anna Freud und Albert J. Solnit: Jenseits des Kindeswohls. Frankfurt am Main 1974.

4 Dies belegt Barbara Dafoe Whitehead: „In wirklich extremen, langdauernden und von körperlicher Gewalt geprägten Konflikten, so folgern die Forscher – wäre eine Scheidung tatsächlich besser für die Kinder. Dagegen, was die eher weicheren Definitionen von ehelicher Unzufriedenheit betrifft – emotionale Entfremdung, Langeweile, andere romantische oder sexuelle Interessen, Wandel der Wertvorstellungen – so war die Schlußfolgerung viel weniger eindeutig. In diesen Fällen wäre es besser für die Kinder, wenn die Eltern ihre Differenzen beilegten und als Familie zusammenblieben, selbst wenn auf lange Sicht die Beziehung zwischen den Eltern nicht perfekt wäre." In: The Divorce Culture, New York 1997, S. 97/98.
Und Wassilios Fthenakis, einer der wohl besten Kenner der neueren Scheidungsdiskussion, zitiert Forschungen,

die belegen, daß „25–30 % der Paare, die sich scheiden lassen wollten, in den letzten zwei Jahren vor der Trennung
nur minimale oder gar keine Konflikte erlebt hatten." Wassilios E. Fthenakis: Wie konfliktreich sind Scheidungsfamilien? In: Fthenakis u.a. (Hrsg.): Trennung, Scheidung und
Wiederheirat. Wer hilft dem Kind? Weinheim und Berlin
1996, S. 22.

5 Bernard Filliaire: La douleur des pères. Un enfant a droit à
ses deux parents. Paris 1998, S. 59.

6 „Nach meinen Einblicken wollen die allermeisten Kinder
keine Scheidung der Eltern, selbst dann nicht, wenn die Eltern viel streiten. Kinder erleben die Eltern anders als die
Ehepartner sich gegenseitig erleben." Ernst Ell: Prozeßkinder im Spannungsfeld der Ehescheidung. In: Sozialethische Arbeitsstelle (Hrsg.): Ehescheidung – Was wird aus
den Kindern? Prozeßkinder – Scheidungskinder – Stiefkinder. Hannover 1985.

7 „Die zunehmende therapeutische Orientierung in Richtung
einer ‚Anpassung' der Kinder umgeht vollkommen die ethi-
schen Dimensionen des Familienzusammenbruchs. Das
Flehen der Kinder und die Hoffnung der Kinder auf Wiederversöhnung zwischen ihren Eltern werden zum Auslöser
therapeutischer Behandlung des Kindes. Die Vorstellung,
daß der leidenschaftliche Wunsch nach einem Haushalt mit
Vater und Mutter eine eigenständige Bedeutung für das
Kind haben könne, und auch daß es seine Moral anspricht –
wird dabei nicht berücksichtigt." Barbara Dafoe Whitehead:
Divorce Culture, S. 90.

8 Vgl. hierzu das wissenschaftliche Standardwerk: Emily B.
Visher und John S. Visher: Stiefeltern, Stiefkinder und ihre
Familien. Probleme und Chancen, Weinheim 1996. Ferner
Anne C. Bernstein: Deine, meine und unsere Kinder. Die
Patchworkfamilie als gelingendes Miteinander. Freiburg,
Basel und Wien 1993.
Der STERN schreibt folgendes über die Stieffamilie: „Als
gesichert gilt, daß in Deutschland von den rund zehn Mil-

lionen Familien mit Kindern rund 1,5 Millionen zusammengewürfelt sind. Eine Million lebt mit Trauschein zusammen, etwa eine halbe Million ohne Amtssiegel. Andere Expertenschätzungen gehen sogar von rund 2,5 Millionen Stieffamilien aus. Als Stieffamilie gilt dabei jede Partnerschaft mit Kindern, bei der mindestens ein Elternteil nicht die leibliche Mutter oder der Vater ist. Mal bringt nur ein Partner Kinder mit, mal beide. Oft kommt noch eigener Nachwuchs hinzu. Dann erreicht die Stieffamilie die komplizierteste Konstellation: meine, deine, unsere Kinder. Von den Scheidungen eines Jahres (1998: 192000) sind rund 160000 Kinder betroffen. Da ihre Eltern sich in 60 Prozent der Fälle neuen Partnern zuwenden, entstehen bei dieser familiären Kernspaltung ständig neue Stieffamilien. Tendenz steigend. STERN vom 25. 5. 2000, S. 47 f.

[9] Mediation: Die andere Scheidung. Ein interdisziplinärer Überblick. Hrsg. von Josef Duss-von Werdt, Gisela und Hans-Georg Mähler. Stuttgart 1995.

[10] Jean Piaget: Das moralische Urteil beim Kinde. Zürich 1954.

[11] Reimara und Otto E. Rössler (Hrsg.): Jonas' Welt. Das Denken eines Kindes. Zürich 1999, S. 57.

[12] Anne Fine: Familien-Spiel. Zürich 1999, S. 53.

[13] Anna Freud und Dorothy Burlingham: Heimatlose Kinder. Zur Anwendung psychoanalytischen Wissens auf die Kindererziehung. Frankfurt am Main 1991, S. 143.

[14] Barbara Dafoe Whitehead, The Divorce Culture.

[15] „Noch nie sind in Deutschland so viele Ehen geschieden worden wie im vergangenen Jahr. Wie das Statistische Bundesamt mitteilte, stieg die Zahl der Scheidungen 1997 auf knapp 188000 an." dpa-Meldung vom 1. Oktober 1998.

[16] John R. Gillis: Mythos Familie, S. 46.

[17] „Scheidungswaisen bauen auf die Ehe. Defizite der Kindheit ausgleichen." In Oberhess. Presse vom 20. 4. 2000. Diese These wird grundlegend von Judith Wallerstein und ihrem Forscherteam untermauert. Siehe Judith Wallerstein,

169

Julia Lewis und Sandra Blakeslee: The unexpected Legacy of Divorce. A 25 Years Study. New York 2000.

[18] Max Horkheimer, Studien über Autorität und Familie.

[19] „In unserer Gesellschaft werden die Erde und nahezu alle Gewässer als weiblich betrachtet; also gehört die Erde den Frauen. In der westlichen Welt gehört der Himmel den Männern und die Erde den Frauen; es gibt einen ‚Himmelsvater' und eine ‚Erdmutter'." Robert Bly, Eisenhans. Ein Buch über Männer. München 1991, S. 68/69. Robert Bly belegt indes, daß die Pole auch umgekehrt besetzt sein konnten. So waren zum Beispiel bei den alten Ägyptern beide Varianten bekannt: „Sie waren mit Ra, dem Himmelsvater und Isis, der Erdmutter, vertraut. Doch zu allen Zeiten waren den Ägyptern noch zwei weitere Götter wichtig: Nut und Geb. Nut, die Himmelsmutter, wurde auf die Innenseite der Sargdeckel gemalt, so daß der Tote, wenn er aufblickte, ein Wesen sah, das sich von den Sternen herabneigte. Auf ihrem Körper und um ihn herum wurden Sterne dargestellt. Ihre Hände und Füße berührten die Erde, und der Körper wölbte sich in einem Bogen am Himmel … Daneben gab es Geb, den Erdvater … Die Griechen, und die Europäer nach ihnen, verloren dieses göttliche Viergespann aus den Augen und bewahrten nurmehr die Erinnerung an zwei Götter. Wenn wir uns an zwei Götter erinnern, polarisieren sich die Geschlechter und nehmen scheinbar gegensätzliche Positionen ein. Jedes Geschlecht wird identifiziert, Männer mit dem Himmel, Frauen mit der Erde. Männer werden mit Himmelsfeuer, Frauen mit Erdwasser gleichgesetzt." Robert Bly, Eisenhans, S. 69.

[20] Ottokar Graf Wittgenstein: Märchen, Träume und Schicksale. München 1973, S. 281.

[21] Astrid Lindgren: Mio, mein Mio. Hamburg 1998, S. 182.

[22] Theodor W. Adorno: Minima Moralia, Reflexionen aus dem beschädigten Leben. Berlin und Frankfurt am Main 1951, S. 40f.

23 Der Kinderpsychologe Gerd Biermann beschreibt dies so: „Tiefenpsychologen fragen heute genauer nach dem Wie des Stillvorgangs. Scheint es durchaus möglich, daß eine Mutter, mit Zigarette im Munde, ihr Kind vor dem Fernsehschirm sach- und fachgerecht anlegt und stillt, so wird der Kinderpsychologe doch die innere Zuwendung der Mutter vermissen, deren Fehlen vom Kinde mit seinen ‚Antennen' gespürt wird." Gerd Biermann: Symbiotische Mutter-Kind-Beziehungen. In: Psyche, 22. Jg. Sept.–Nov. 1968, S. 879.

24 Ronald D. Winnicott, Primäre Mütterlichkeit, In: Psyche, 14. Jg. Oktober 1960.
„Primäre Mütterlichkeit im Sinne von Winnicott entwikkelt sich bei der jungen Mutter, wenn sie sich im Ablauf der fortschreitenden Schwangerschaft ihrer Aufgabe als Mutter in zunehmender Hingabe zum Kinde bewußt wird. Sie führt zu einer seismographischen Einstellung der Sensivität der Mutter auf das Neugeborene und den Säugling. Winnicott sagt ferner: Es gibt kein isoliertes Menschenwesen Kind, es gibt nur eine biologische Mutter-Kind-Einheit. So gelingt es der Mutter, die wachsenden Bedürfnisse ihres Kindes unmittelbar zu spüren und zu befriedigen." Gerd Biermann, Symbiotische Mutter-Kind-Beziehungen, S. 876.

25 Alfred Lorenzer: Zur Begründung einer materialistischen Sozialisationstheorie. Frankfurt am Main 1972.

26 Seit Jahren fällt mir auf, daß schwangere Studentinnen versuchen, ihre Prüfungstermine ganz gezielt in äußerste Nähe zu dem errechneten Geburtstermin zu legen. Ich empfinde dies wie einen Wettlauf: Wer ist der erste? Wer ist der beste? – Darauf angesprochen zeigt sich, daß dies den jungen Frauen in keiner Weise bewußt ist.

27 René A. Spitz: Vom Säugling zum Kleinkind. Naturgeschichte der Mutter-Kind-Beziehungen im ersten Lebensjahr. Stuttgart 1976. Darin besonders das Kapitel: Psychotoxische Störungen, S. 223ff.

28 Berthold Rothschild: Ich sei, gewährt mir diese Bitte, in eurem Bund der dritte. In: Die Väter. Kursbuch 140. Berlin 2000, S. 142f.

29 Alfred Winterstein: Die Pubertätsriten der Mädchen und ihre Spuren im Märchen. Leipzig, Wien und Zürich 1928.

30 Hans Molinski: Die unbewußte Angst vor dem Kind als Ursache von Schwangerschaftsbeschwerden und Depressionen nach der Geburt. München 1972.

31 „Und was die Familie angeht, so sind Geldprobleme immer noch Scheidungsgrund Nummer eins." Bodo Schäfer und Carla Festle: Geld tut Frauen wirklich gut. Landsberg am Lech 2000, S. 55.

32 Vgl. hierzu Wassilios E. Fthenakis u.a.: Trennung, Scheidung und Wiederheirat, S. 62.

33 La Presse, Montréal, Québec, 12. Juli 1999.

34 Ebd.

35 Ebd.

36 Mark Bryan: The Prodigal Father. Reuniting Fathers with Their Children. New York 1997, S. 3.

37 Prisca Gloor Maung: Scheiden tut auch Kindern weh. Freiburg 1998, S. 18.

38 Theodor Reik: In Gedanken töten. Bewußte und unbewußte Todeswünsche in psychoanalytischer Sicht. München 1981.

39 Vgl. hierzu die gut fundierten Forschungen von Wassilios E. Fthenakis, Renate Niesel und Hans-Rainer Kunzel: Ehescheidung. München, Wien und Baltimore 1981, S. 145ff., sowie die psychoanalytisch begründeten Erklärungen von Helmut Figdor: Kinder aus geschiedenen Ehen: Zwischen Trauma und Hoffnung. Mainz 1997. Hier das Kapitel „Trauer, Wut, Schuldgefühle und Angst", S. 34ff.

40 Ingeborg Zimmermann: Über den Zugang zu frühen unbewußten Persönlichkeitsanteilen. In: Psyche, Februar 1971.

41 Margaret Atwood: Der lange Traum. München 1998, S. 52.

42 „Das Töten der Kinder wird meistens mit den zartesten Gefühlen zu diesen vollbracht. Es ist sicher, daß der Prozeß

des Kindertötens nicht auf ein Fehlen von Mutterliebe zu-
rückzuführen ist." R. Briffault: The Mothers. A Study of the
Origins of Sentiments and Institutions, S. 130.

43 „Wir alle machen den Fehler, den traumatischen Effekt einer Abtreibung auf ein junges Mädchen zu unterschätzen.
Es ist für einen Mann so gut wie unmöglich, sich die durch
eine solche Erfahrung ausgelösten Emotionen und Konflikte
vorzustellen. Nur die um den Kastrationskomplex kreisen-
den dunklen Vorstellungen und Ängste sind wohl damit
vergleichbar." Theodor Reik: In Gedanken töten., S. 76.

44 Bei Elisabeth K., einer Studentin kurz vor dem Examen, geschah dieser Durchbruch genau am zehnten „errechneten"
Geburtstag ihres nie geborenen Kindes. Elisabeth hatte den
Trag der Abtreibung „vergessen". Sie war jedoch über all
die Jahre fixiert gewesen auf den kalendarischen Geburtstag ihrer „Tochter", als welche sie das Ungeborene phantasierte, den 11. März. An einem 11. März stürzte sie und
brach sich das Fußgelenk. In der Klinik brütete sie über ihr
Mißgeschick und entschlüsselte das kalendarische Rätsel
dieses Unfalls. Und den Schmerz am Fußgelenk, der sie an
das Bett kettete, erlebte sie als eine seelische Schmerz-
welle, wie sie sie in ihrem Leben bisher nie gefühlt hatte.
Daß das momentane Abtöten von seelischem Schmerz vor-
rangig aus Abwehr der seelischen Erschütterung resultiert,
liegt nahe. Und daß durchaus nicht alle Frauen auf diese
Weise reagieren, ist ebenso evident. Die m.E. beste wissenschaftliche Arbeit, die in die Schmerz- und Schuldproble-
matik des Schwangerschaftsabbruchs einführt, stammt von
dem Gynäkologen und Therapeuten Peter Petersen: Schwangerschaftsabbruch – unser Bewußtsein vom Tod im Leben.
Tiefenpsychologische und anthropologische Aspekte der
Verarbeitung. Stuttgart 1986.

45 Erika Myriam Kounio-Amariglio, eine jüdische Frau aus
Thessaloniki, Griechenland, die als 16jähriges junges Mädchen nach Auschwitz verschleppt wurde und das Lager
überlebte, konnte erst fünfzig Jahre nach der Befreiung

173

dem Schmerz von damals ins Gesicht schauen. Erst 1996 schrieb sie deshalb ihr ergreifendes Buch: Damit es die ganze Welt erfährt. Von Saloniki nach Auschwitz und zurück 1926–1996.

[46] Jean Améry: Jenseits von Schuld und Sühne. Bewältigungsversuche eines Überwältigten, 1977.

[47] Jean Piaget: Nachahmung, Spiel und Traum, 1975.

[48] Prisca Gloor Maung: Scheiden tut auch Kindern weh, S. 48.

[49] Wissenschaftliche Forschungen unterstützen eher die Sicht und Wahrnehmungsweise meines Sohnes. So schreibt beispielsweise Wassilios E. Fthenakis: „Die Ursachen der Vaterabwesenheit können einerseits danach unterschieden werden, ob sie sozial gebilligt sind (Militär, Beruf) oder nicht (Trennung, Scheidung, Gefängnis, Ehelosigkeit etc.), zum anderen danach, ob der Vater die Familie freiwillig verläßt (Trennung, Scheidung). Die meisten Untersuchungen, die die Trennungsursachen berücksichtigen, kommen zu dem Schluß, daß sich die Abwesenheit des Vaters dann am nachhaltigsten auswirkt, wenn sie auf Trennung oder Scheidung der Eltern beruht." In: Wassilios E. Fthenakis, Renate Niesel und Hans-Rainer Kunzel: Ehescheidung, S. 56 f.

[50] Zeitschrift LIFE. Juni 1999, S. 66.

[51] Besonders typisch und vielfältig beim Hineinwachsen in die weibliche Geschlechtsrolle sind heutzutage die Eßstörungen. Siehe Helmut Thomä: Anorexia Nervosa, 1961.

[52] James Georg Frazer: Der goldene Zweig. Leipzig 1928.

[53] Zeitschrift LIFE, Juni 1999.

[54] Waltraud Strickhausen: Moses, das göttliche Kind. In: H.-U. Hyams, K. Klattenhoff, K. Ritter und F. Wißmann (Hrsg.): Jüdisches Kinderleben im Spiegel jüdischer Kinderbücher, S. 225 ff.

[55] Guy Corneau: Abwesende Väter. Verlorene Söhne, S. 53.

[56] Vgl. hierzu René Spitz Vom Säugling zum Kleinkind.; außerdem von John Bowlby: Bindung. Eine Analyse der Mutter-Kind-Beziehung, 1969.

[57] Vgl. hierzu Henry B. Biller: Fatherhood. Implications for Child and Adult Development. In: Benjamin B. Wolman (Hrsg.): „Handbook of Development Psychology". Prentico Hall, Englewood Cliffs, N.J. 1982, S. 711–714.

[58] Guy Corneau, Abwesende Väter, S. 36.

[59] Ebd., S. 53.

[60] Ebd., S. 55.

[61] Ebd.

[62] Zeitschrift LIFE, Juni 1999, S. 64.

[63] Ann-Kathrin Kramer. In: Titelgeschichte „Mein Vater", Der STERN vom 23. 9. 1999.

[64] Nancy Friday: Die Macht der Schönheit,1997, S. 16 f.

[65] Hans Molinski: Die unbewußte Angst vor dem Kind, S. 144.

[66] Anna Freud: Das Ich und die Abwehrmechanismen. München 1980.

[67] Cheryl Benard und Edit Schlaffer: Sagt uns, wo die Väter sind, S. 40.

[68] Mark Bryan: The Prodigal Father, S. 146.

[69] Helmuth Figdor: Scheidungskinder – Wege der Hilfe. Giessen 1998, S. 64.

[70] Robert Bly: Eisenhans, S. 136–138.

[71] Reimara und Otto E. Rössler (Hrsg.): Jonas Welt, S. 20.

[72] Zeitschrift LIFE. Juni 1999, S. 68.

[73] Anne Fine: Familien-Spiel, S. 69.

[74] Mark Bryan, The Prodigal Father, S. 59.

[75] Ebd., S. 126.

[76] Ebd.

[77] Ebd., S. 19.

[78] Ebd., S. 20.

[79] Ebd., S. 146.

[80] Ebd., S. 26.

[81] Horst Petri: Das Drama der Vaterentbehrung, S. 71.

[82] Oberhessische Presse, 20. September 2000.

[83] Mark Bryan, The Prodigal Father, S. 3.

[84] Horst Petri: Das Drama der Vaterentbehrung.

[85] Dietrich Bauer, Max Hoffmeister und Helmut Görg: Gespräche mit Ungeborenen. Kinder kündigen sich an. Stuttgart 1988.

[86] Bekanntermaßen ist schon die erste Lebensphase, ja, das ganze erste Jahr nach der Geburt eine besonders empfindsame, für Störungen anfällige Zeit. Dies hat vor allem René Spitz in seinen Schriften eindrucksvoll belegt. Siehe René Spitz: Vom Säugling zum Kleinkind.

[87] Vgl. hierzu David D. Gilmore: Mythos Mann. Rollen, Rituale, Leitbilder. München und Zürich 1991.

[88] Ich beziehe mich im folgenden auf: Fthenakis u.a. (Hrsg.): Trennung, Scheidung und Wiederheirat.

[89] Vgl. Bernd Kirchhoff: Worauf kommt es an?, S. 48.

[90] Wassilios E. Fthenakis: Langfristige Auswirkungen von Trennung und Scheidung auf die Entwicklung des Kindes. In: Trennung, Scheidung und Wiederheirat, S. 57.

[91] Ebd., S. 57.

[92] Judith Wallerstein, Julia Lewis und Sandra Blakeslee: The unexpected Legacy, S. XXV.

[93] Wassilios Fthenakis, Langfristige Auswirkungen, in: Trennung, Scheidung und Wiederheirat, S. 59.

[94] Guy Corneau, Abwesende Väter. Verlorene Söhne, S. 53.

[95] Ebd., S. 23.

[96] Christoph Kucklick: Was Vatersein so besonders macht. In: GEO, Nr. 1, Januar 2001. S. 144ff.

[97] Siehe Judith Wallerstein, Julia Lewis und Sandra Blakeslee, The unexpected Legacy.

[98] Anne Fine: Familien-Spiel, S. 42.

[99] Elisabeth Frenzel: Motive der Weltliteratur. Stuttgart 1992. Darin Stichwort: „Vatersuche".

[100] Horst Petri: Das Drama der Vaterentbehrung, S. 119.

101 Jeremy Langmead beschreibt in seinem Essay, wie er und seine Schwester als Kinder mehrere Hochzeiten und Scheidungen seiner Mutter miterlebten: „Leider war die Ehe mit Andrew nach acht Jahren aus und vorbei. Jemand, den wir lieb gewonnen hatten, verschwand plötzlich aus unserem Leben, zurück blieben wieder nur wir drei. Seltsamerweise hatten wir gar nicht so sehr das Gefühl, einen Vater verloren zu haben, als am Ende eines langen Films angekommen zu sein. Man steht auf, verläßt das Kino, blinzelt ins grelle Tageslicht und wendet sich wieder dem wahren Leben zu. Meine Schwester und ich hatten gelernt, daß es ein besonderes Privileg war, einen Vater im Haus zu haben, das einem schnell wieder genommen werden konnte." J. Langmead: „Der Nächste bitte. Eine Hochzeit hat immer etwas Besonders. Erst recht, wenn die eigene Mutter heiratet. Aber nach ein paar Malen hat man sich daran gewöhnt." In: Süddeutsche Zeitung. Magazin 40. vom 8. 10. 1999.

102 Jürgen Grieser: Der phantasierte Vater. Tübingen 1998, S. 157.

103 Ebd., S. 148.

104 Jessica Benjamin: Vater und Tochter: Identifizierung und Differenz. In: Psyche 46 Jg., Sept. 1992, S. 839.

105 Frank W. Young: Die Funktion von Initiationszeremonien für Männer. In: Volker Popp (Hrsg.): Initiation. Zeremonien der Statusänderung und des Rollenwechsels. Frankfurt/Main 1969, S. 164.

106 Ebd., S. 165.

107 Ebd., S. 167.

108 Zitiert bei Guy Corneau: Abwesende Väter. Verlorene Söhne, S. 41.

109 Jessica Benjamin, Vater und Tochter, S. 830.

110 Horst-Eberhard Richter: Eltern, Kind und Neurose. Reinbek bei Hamburg 1969. S. 77.

111 David Shribman: The good father. In: LIFE, Juni 1999, S. 58.

112 David Cooper: Der Tod der Familie. Reinbek bei Hamburg 1972.

113 J. Walker Smith, In: Neil Howe und William Strauss: Millennials Rising. The Next Great Generation. New York 2000, S. 127.

114 Thich Nhat Hanh. In: Julia Cameron: Blessings. Prayers and Declarations for a Heartful Life. New York 1998, S. 23.

115 Pierre Gauthier: Les nouvelles Familles. Montréal 1988, S. 103.

116 Bruno Bettelheim: Liebe allein genügt nicht. Die Erziehung emotional gestörter Kinder. Stuttgart, 1979, S. 9. – Barbara Dafoe Whitehead: Divorce Culture, S. 112.

117 Ebd.

118 Ebd.

119 Judith Wallerstein, Julia Lewis und Sandra Blakeslee: The unexpected Legacy, S. 210.

120 Françoise Dolto: Scheidung. Wie ein Kind sie erlebt, S. 51.

121 „Wie mir alle Scheidungskinder gesagt haben, völlig unabhängig davon, wie oft sie ihre Eltern gesehen haben, ist das Bild der Eltern als ein liebendes Paar für immer verloren gegangen." Judith Wallerstein, Julia Lewis und Sandra Blakeslee: The unexpected Legacy of Divorce, S. XXIX.

122 Ebd., S. XXV.

123 Sigmund Freud: Vorlesungen zur Einführung in die Psychoanalyse. London 1940.

124 Barbara Dafoe Whitehead: Divorce Culture, S. 111.

125 Ernst Ell: Prozeßkinder im Spannungsfeld der Ehescheidung. In: Katholische Sozialethische Arbeitsstelle (Hrsg.): Ehescheidung – Was wird aus den Kindern? Prozeßkinder – Scheidungskinder – Stiefkinder. Hannover 1985, S. 8.

126 Wolfgang Gädeke: Warum Ehen scheitern, S. 8.

Literatur

Adorno, Theodor W.: Minima Moralia. Reflexionen aus dem beschädigten Leben. Berlin und Frankfurt am Main 1951.

Améry, Jean: Jenseits von Schuld und Sühne. Bewältigungsversuche eines Überwältigten. Stuttgart 1977.

Atwood, Margaret: Der lange Traum. München 1998.

Bauer, Dietrich, Max Hoffmeister und Helmut Görg: Gespräche mit Ungeborenen. Kinder kündigen sich an. Stuttgart 1988.

Beck-Gernsheim, Elisabeth: Was kommt nach der Familie? Einblicke in neue Lebensformen. München 1998.

Benard, Cheryl, und Edit Schlaffer: Sagt uns, wo die Väter sind. Hamburg 1991.

Benjamin, Jessica: Vater und Tochter. Identifizierung und Differenz. In: Psyche, 46. Jg., September 1992.

Bernstein, Anne C.: Deine, meine und unsere Kinder. Die Patchworkfamilie als gelingendes Miteinander. Freiburg, Basel und Wien 1993.

Bettelheim, Bruno: Liebe allein genügt nicht. Die Erziehung emotional gestörter Kinder. Stuttgart 1979.

Biermann, Gerd: Symbiotische Mutter-Kind-Beziehungen. In: Psyche, 22. Jg. Sept.–Nov. 1968.

Biller, Henry B.: Fatherhood. Implications for Child and Adult Development. In: Benjamin B. Wolman (Hrsg.): Handbook of Development Psychology. Prentico Hall, Englewood Cliffs, N. J. 1982.

Bly, Robert: Eisenhans. München 1991.

Bowlby, John: Bindung. Eine Analyse der Mutter-Kind-Beziehung. München 1969.

Briffault, R.: The Mothers. A Study of the Origins of Sentiments and Institutions. 3 Bde. London 1927.

Britt, Inge: Ich brauche euch doch beide. Kinder aus geschiedenen Ehen. Frankfurt 1985.

Bryan, Mark: The Prodigal Father. Reuniting Fathers with Their Children. New York 1997.

Cameron, Julia: Blessings. Prayers and Declarations for a Heartful Life. New York 1998.

Cooper, David: Der Tod der Familie. Reinbek bei Hamburg 1972.

Corman, Avery: Kramer gegen Kramer. Reinbek bei Hamburg 1980.

Corneau, Guy: Abwesende Väter. Verlorene Söhne. Suche nach der männlichen Identität. Solothurn und Düsseldorf 1993.

Dafoe Whitehead, Barbara: The Divorce Culture. New York 1997.

Dolto, Françoise: Scheidung. Wie ein Kind sie erlebt. Stuttgart 1996.

Ell, Ernst: Prozeßkinder im Spannungsfeld der Ehescheidung. In: Kath. Sozialethische Arbeitsstelle (Hrsg.): Ehescheidung – Was wird aus den Kindern? Prozeßkinder – Scheidungskinder – Stiefkinder. Hannover 1985.

Figdor, Helmut: Kinder aus geschiedenen Ehen: Zwischen Trauma und Hoffnung. Mainz 1997.

Figdor, Helmut: Scheidungskinder – Wege der Hilfe. Giessen 1998.

Filliaire, Bernard: La douleur des pères. Un enfant a droit à ses deux parents. Paris 1998.

Fine, Anne: Familien-Spiel. Zürich 1999.

Frazer, James Georg: Der goldene Zweig. Leipzig 1928.

Frenzel, Elisabeth: Motive der Weltliteratur. Stuttgart 1992.

Freud, Anna: Das Ich und die Abwehrmechanismen. München 1980.

Freud, Anna und Dorothy Burlingham: Heimatlose Kinder. Zur Anwendung psychoanalytischen Wissens auf die Kindererziehung. Frankfurt am Main 1991.

Freud, Sigmund: Vorlesungen zur Einführung in die Psychoanalyse. London 1940.

Friday, Nancy: Die Macht der Schönheit. München 1997.

Fthenakis, Wassilios E. u.a. (Hrsg.): Trennung, Scheidung und
Wiederheirat. Wer hilft dem Kind? Weinheim 1996.

Fthenakis, Wassilios E., Renate Niesel und Hans-Rainer Kunzel: Ehescheidung. München, Wien und Baltimore 1981.

Furstenberg, Frank F. und Andrew J. Cherlin: Geteilte Familien. Stuttgart 1993.

Gädeke, Wolfgang: Warum Ehen scheitern. Grundzüge einer
anthroposophischen Eheberatung. Stuttgart 1998.

Gauthier, Pierre: Les nouvelles Familles. Montréal 1988.

Gillis, John R.: Mythos Familie. Auf der Suche nach der eigenen Lebensform. Weinheim und Berlin 1997.

Gilmore, David D.: Mythos Mann. Rollen, Rituale, Leitbilder.
München und Zürich 1991.

Gloor Maung, Prisca: Scheiden tut auch Kindern weh. Freiburg
1998.

Goldstein, Joseph, Anna Freud und Albert J. Solnit: Jenseits
des Kindeswohls. Frankfurt am Main 1974.

Grieser, Jürgen: Der phantasierte Vater. Tübingen 1998.

Haase, Otto: Musisches Leben und künstlerische Erziehung.
In: Norbert Kluge (Hrsg.): Vom Geist musischer Erziehung.
Grundlegende und kritische Beiträge zu einem Bewegungs-
prinzip. Darmstadt 1973.

Handke, Peter: Das Gewicht der Welt. Salzburg 1977.

Horkheimer, Max: Studien über Autorität und Familie. Paris
1936.

Howe, Neil und William Strauss: Millenials Rising. The Next
Great Generation. New York 2000.

Hyams, H.-U., K. Klattenhoff, K. Ritter und F. Wißmann
(Hrsg.): Jüdisches Kinderleben im Spiegel jüdischer Kinderbücher. Oldenburg 1998.

Kästner, Erich: Das doppelte Lottchen. Weinheim 1996.

181

Katholische Sozialethische Arbeitsstelle (Hrsg.): Ehescheidung – Was wird aus den Kindern? Prozeßkinder – Scheidungskinder – Stiefkinder. Hannover 1985.

Kirchhoff, Bernd: Worauf kommt es an? In: W. E. Fthenakis
u. a.: Trennung, Scheidung und Wiederheirat. Wer hilft dem
Kind? Weinheim 1996.

Kounio-Amariglio, Erika Myriam: Damit es die ganze Welt erfährt. Von Saloniki nach Auschwitz und zurück 1926–1996.
Konstanz 1996.

Kramer, Ann-Kathrin. In: Titelgeschichte „Mein Vater", Der
STERN vom 23. 9. 1999.

Kucklick, Christoph: Was Vatersein so besonders macht. In:
GEO, Nr. 1 Januar 2001.

Langmead, Jeremy: Der Nächste bitte. Eine Hochzeit ist immer
etwas Besonderes. Erst recht, wenn die eigene Mutter heiratet. In: Süddeutsche Zeitung vom 8. Oktober 1999.

Lindgren, Astrid: Pippi Langstrumpf. Hamburg 1976.

Lindgren, Astrid: Mio mein Mio. Hamburg 1998.

Lorenzer, Alfred: Zur Begründung einer materialistischen Sozialisationstheorie. Frankfurt am Main 1972.

Mediation: Die andere Scheidung. Ein interdisziplinärer Überblick. Hrsg. von Josef Duss-von Werdt, Gisela und Hans-
Georg Mähler. Stuttgart 1995.

Molinski, Hans: Die unbewußte Angst vor dem Kind als Ursache von Schwangerschaftsbeschwerden und Depressionen
nach der Geburt. München 1972.

Nhat Hanh, Thich. In: Julia Cameron: Blessings. Prayers and
Declarations for a Heartful Life, New York 1998.

Petersen, Peter: Schwangerschaftsabbruch – unser Bewußtsein
vom Tod im Leben. Tiefenpsychologische und anthropologische Aspekte der Verarbeitung, Stuttgart 1986.

Petri, Horst: Das Drama der Vaterentbehrung. Freiburg – Basel –
Wien 1999.

Piaget, Jean: Das moralische Urteil beim Kinde. Zürich 1954.

Piaget, Jean: Nachahmung, Spiel und Traum. Die Entdeckung der Symbolfunktionen beim Kinde. Stuttgart 1975.

Popp, Volker (Hrsg.): Initiation. Zeremonien der Statusänderung und des Rollenwechsels. Frankfurt am Main 1969.

Rank, Otto: Der Mythos von der Geburt des Helden. Versuch einer psychologischen Mythendeutung. Leipzig – Wien 1922.

Reik, Theodor: In Gedanken töten. Bewußte und unbewußte Todeswünsche in psychoanalytischer Sicht. München 1981.

Richter, Horst-Eberhard: Eltern, Kind und Neurose. Reinbek bei Hamburg 1969.

Rückert. Sabine: Was sich liebt, das stresst sich. In: Die ZEIT, Nr. 34, August 2000.

Rössler, Raimara und Otto E. (Hrsg.): Jonas' Welt. Das Denken eines Kindes. Zürich 1999.

Rothschild, Berthold: Ich sei, gewährt mir diese Bitte, in eurem Bund der dritte. In: Die Väter. Kursbuch 140, Berlin 2000.

Schäfer, Bodo und Carla Festle: Geld tut Frauen wirklich gut. Landsberg am Lech 2000.

Shribman, David: The good father. In: LIFE, Juni 1999.

Spitz, René A.: Vom Säugling zum Kleinkind. Naturgeschichte der Mutter-Kind-Beziehungen im ersten Lebensjahr. Stuttgart 1976.

Strickhausen, Waltraud: Moses, das göttliche Kind. In: H-U. Hyams, K. Klattenhoff, K. Ritter und F. Wißmann (Hrsg.): Jüdisches Kinderleben im Spiegel jüdischer Kinderbücher. Oldenburg 1998.

Thomä, Helmut: Anorexia Nervosa. Stuttgart 1961.

Väter. Kursbuch 140. Berlin 2000.

Visher, Emily B. und John S.: Stiefeltern, Stiefkinder und ihre Familien. Probleme und Chancen. Weinheim 1996.

Walker Smith, J.: In: Howe, Neil und William Strauss: Millennials Rising. The Next Great Generation. New York 2000.

Waïs, Mathias: Sinn und Unsinn der Ehe heute. Esslingen 1999.

Wallerstein, Judith, Julia Lewis und Sandra Blakeslee: The unexpected Legacy of Divorce. A 25 Years Study. New York 2000.

Wolman, B. (Hrsg.): Handbook of Development Psychology. Prentico Hall, Englewood Cliffs, N.J. 1982.

Winnicott, Ronald D.: Primäre Mütterlichkeit. In: Psyche, 14. Jg. Oktober 1960.

Winterstein, Alfred: Die Pubertätsriten der Mädchen und ihre Spuren im Märchen. Leipzig, Wien und Zürich 1928.

Wittgenstein, Ottokar Graf: Märchen, Träume und Schicksale. München 1973.

Young, Frank W.: Die Funktion von Initiationszeremonien für Männer. In: Volker Popp (Hrsg.): Initiation. Zeremonien der Statusänderung und des Rollenwechsels. Frankfurt am Main 1969.

Zimmermann, Ingeborg: Über den Zugang zu frühen unbewußten Persönlichkeitsanteilen. In: Psyche, 25. Jg. Februar 1971.

Danksagung

Für Unterstützung, Anregung und Kritik danke ich Stephan Frister, Marina von Hahn, Stephan Koopmann, Carsten Leimbach und Manfred Seeger – sowie meinen Kindern.

Zur Autorin

Helge-Ulrike Hyams, geboren 1942, ist Professorin für Pädagogik und Mutter von vier Kindern. Sie lehrt an der Universität Bremen und ist Begründerin und Leiterin des Kindheitsmuseums in Marburg/Lahn.

Rudolf Dreikurs / Vicki Soltz:
Kinder fordern uns heraus
Wie erziehen wir sie zeitgemäß?
Aus dem Amerikanischen von Erik A. Blumenthal
375 Seiten, broschiert; ISBN 3-608-94277-7
Dieser Erziehungsklassiker ist ein kompetenter, demokratischer
Ratgeber bei ganz konkreten Alltagsproblemen. Anhand von
34 Erziehungsprinzipien werden genervte Eltern und entnervte
Lehrer dazu ermutigt, weniger direkten Einfluß auf Kinder und
Jugendliche zu nehmen und ihnen mehr Autonomie zuzubilligen.

Hermann Giesecke:
Das Ende der Erziehung
Neue Chancen für Familie und Schule
159 Seiten, broschiert, ISBN 3-608-91766-7
Die These, wir sollten Kinder wie kleine, ständig größer werdende Erwachsene behandeln, will feststellen, daß Kinder nicht die
einzigen Menschen sind, die altersspezifische Bedürfnisse haben,
auf die entsprechend Rücksicht zu nehmen ist. Nur wenn wir
Kinder als selbstverständliche Zeitgenossen behandeln, ohne
ihnen einen Ausnahmestatus einzuräumen, werden wir auch
ihren spezifischen Bedürfnissen gerecht.

Jeanne Van den Brouck:
Handbuch für Kinder mit schwierigen Eltern
Mit einem Nachwort von Françoise Dolto
Aus dem Französischen von Rainer Redies
132 Seiten, broschiert, ISBN 3-608-91765-9
Wer Wert darauf legt, seinen Eltern ein einigermaßen gutes Kind
zu sein, wer sie anständig behandeln und korrekt erziehen will,
der bedarf unerschöpflicher Geduld und Nachsicht, großen
Fingerspitzengefühls und auch der Achtung, die man dem
Schwachen schuldet; denn alles hängt davon ab, wie man seine
Eltern in den ersten Wochen behandelt.

Klett-Cotta

Renate Hörburger:
Selbstbewußtsein
Wie Erwachsene sich und ihre Kinder stärken
230 Seiten, broschiert, ISBN 3-608-91025-5
Im Gegensatz zu vielen Erziehungsberatungsbüchern, welche an
immer diffenzierter diagnostizierten Entwicklungsstörungen
ansetzen, beleuchtet dieses Buch einen Kernpunkt, dem bei
psychischen Entwicklungsstörungen eine allgemeine zentrale
Bedeutung zukommt. Es bezieht sich auf das breite Spektrum
psychischer und psychosomatischer Probleme und Störungen, die
nach Ansicht der Autorin aus dem Mangel an Selbstbewußtsein
herrühren.

Elisabeth Cope:
Allein erziehen und stark sein
Lösungen für schwierige Situationen
192 Seiten, broschiert, Lesezeichen
ISBN 3-608-94337-4
Wer Kinder allein erzieht, ist überfordert – meistens jedenfalls.
Alleinerziehende müssen nicht noch perfekter sein als Eltern, die
ihre Kinder gemeinsam erziehen. Daß diese Aufgabe nicht in
ständiger Selbstüberforderung, in grenzenlosem Streß,
Selbstzweifeln und tagtäglicher Kapitulation enden muß, belegt
dieses Buch mit Lösungsvorschlägen, die den »Familientest unter
verschärften Bedingungen« bereits bestanden haben.
Der Band lehnt sich an die Darstellungsweise von Rudolf Dreikurs
und Vicki Soltz in »Kinder fordern uns heraus« an: Auf die
erzählende Schilderung eines sichtbaren Problems oder eines
schwelenden Konflikts folgt eine knappe Erläuterung.

Klett-Cotta

KARA INSTITUT FÜR
AGGRESSIONS- UND
KONFLIKTBERATUNG